韓国映画・ドラマのなぜ？

成川彩

JN013276

筑摩書房

目次

＊目次内は「　」はドラマ、『　』は映画のタイトル

第5章 激動の韓国現代史 171

＊文中の太字の俳優、監督名は、各項末に説明を記載し、文中の太字の映画、ドラマ作品名は、巻末の索引にタイトルを記載しました。太字にした俳優、監督とその説明は重要度や日本での知名度を考慮したほか、著者の主観も入っています。また、作品を通して韓国について知ることを目的としているため、一部、ネタバレを含みます。作品名の後の（　）は、韓国での劇場公開やテレビ放映の年。
韓国ウォンから日本円への換算は、2023年4月1日の為替レート（1ウォンは、約0・1円）を基準にしました。

現地発　韓国映画・ドラマのなぜ？

装丁　倉地亜紀子
装画・本文イラスト　丹下京子

はじめに　映画やドラマを切り口に知る隣国

「過去最悪の日韓関係」と言われるような状態が、２０１２年頃からかれこれ10年ぐらい続いてきた。２０１８年10月の韓国の大法院（最高裁）による元徴用工判決、それに対抗するかのような２０１９年７月の日本政府による韓国への輸出規制、さらにそれに反発して広まった韓国での日本製品不買運動と、悪循環が止まらないなか、２０２０年には新型コロナウイルス感染症が広まり、日韓の人的交流もほぼストップした。２０２２年には韓国で政権交代があり、ビザなしでの旅行受け入れを双方で再開するなど、ようやく関係改善の兆しも見えてきた。そして、２０２３年には尹錫悦《ユン・ソンニョル》大統領が来日して岸田文雄首相と会談し、懸案は抱えながらも、両国の首脳が相互訪問する「シャトル外交」を12年ぶりに復活させることで合意した。

　一方で、ＢＴＳ（防弾少年団）や映画『パラサイト　半地下の家族』、ドラマ『愛の不時着』、小説『82年生まれ、キム・ジヨン』などが火付け役となって、Ｋ－ＰＯＰ、映画、ドラマ、文学に至るまで、韓国文化が日本においてかつてないほど多彩なブームとなっている。もはやブームと言うよりも定着した感すらある。

　韓国文化に魅せられて、韓国へ留学する若者も増えている。私自身は２００２年に初めて韓国に留学して以来、韓国映画の魅力にどっぷりはまったが、仕事にしようという発想はなく、趣味として暇さえあれば韓国映画を見るようになった。２００８年に朝日新聞に入社し、文化を中心に記者として活動する中で、ポン・ジュノ監督をはじめ韓国から監督や俳優が来日した際にインタビューしたり、釜山国際映画祭に毎年出張して取材したりするうちに、韓国で映画を学び、専門記者として活動したいという夢が膨らんだ。２０１７年に退社して改めて韓国に留学し、大学院で映画を学びながら、フリーランスの記者として日韓の様々なメディアで文化を中心に発信している。

日本と韓国は、見た目や言語など似ているところも多いがゆえに、その違いが見えにくく、かえって誤解を生むことも少なくない。韓国で計8年暮らしてきた私の生活者としての視点も交え、映画やドラマを通して、ニュースだけでは見えてこない韓国ならではの習慣や社会事情、歴史的な出来事など、「なぜ？」の答えを探して様々な角度から考えてみた。

例えば韓国では初対面で年齢を聞かれることが多く、日本の、特に女性は不快に思うかもしれない。だが、韓国ではむしろ年齢を聞かない方が失礼になる可能性がある。なぜなら韓国では年齢の上下によって話し言葉が変わってくるからだ。「パンマル」と呼ばれるタメ口を年上の人に使って逆上させるシーンは韓国の映画やドラマによく出てくる。

日韓カップルからは、食事のマナーで衝突することが多いと聞く。日本では特にお箸の使い方でタブーとされることが多いが、韓国ではよくおかずを自分のお箸やスプーンで相手のご飯の上にのせてあげたり、「おいしい?」と言いながら相手の食べているスープにスプーンを突っ込んだりと、食べ物をシェアする文化が根付いている。例えばパッピンス（韓国のかき氷）を食べる時、二人で一つずつ注文することはあまりなく、二人分を注文して一緒に食べる。食事を共にすることで親密になっていくシーンもよく見かける。コロナの影響で一時は一人一人別々の器で食べる配慮も見られたが、ソーシャルディスタンスの規制がなくなると共にそれもまた元通り、やっぱり一緒に食べるのを好む人が多いようだ。

私が最初に韓国へ留学した2002年頃は、韓国映画がどんどんおもしろくなっていった時期だった。韓国映画の大ヒットの基準は1000万人とされるが、最初に1000万人を超えたのは2003年公開の『シルミド』だった。金日成暗殺を目的に秘密裏に組織された「684部隊」がモデルとなっている。この大ヒットがきっかけとなり、実話をもとにした映画が主流と言ってもいいほどたくさん作られてきた。韓国映画を見れば見るほど韓国の社会や歴史に興味がわく所以だ。

2021年に世界を席巻したNetflixオリジナルシリーズ『イカゲーム』でも、賞金獲得を目指してゲームに挑む参加者には脱北者や外国人労働者もいて、貧困の背景にある韓国の社会問題がうかがえる。幼い弟がいる脱北者はブローカーに大金を騙し取られ、外国人労働者は働いた分の給料を会社に払ってもらえない。韓国社会で理不尽な目に遭っている弱者が命懸けで一攫千金を狙う。

日本で大ヒットしたドラマ『愛の不時着』は南北分断が背景となったラブストーリーだった。同じ言語を話す一つの民族でありながら70年にわたって分断が続いている現実は、数多くの名作の素材となってきた。社会的イシューをエンタメとして昇華するのが、韓国の映画やドラマが世界的に人気を集める理由だろう。

暮らしてみると、「毎日が事件」というぐらい壁にぶち当たることは日常茶飯事だが、そのたびに、私とは育ってきた環境の違う韓国の人たちの意見を聞き、なぜ違うのか、なぜそう考えるのかを学んできた。年上は単に敬語を使わなければならない対象ではない。トンセン（弟や妹だけでなく、親しい年下の人）にはあらゆるサポートを惜しまないという、韓国社会での気持ちのいい年齢の上下関係も身をもって体験してきた。

食べ物をシェアする文化も、実は日本植民地下から朝鮮戦争を経て、食べていくのが難しい時期を長く過ごしてきた名残だということも知った。いい歳して留学生の私がちゃんと食べているのか心配し、家で作ったキムチやおかずを持ってきてくれる韓国の人のたっぷりの情を感じ、お腹も心も満たされることが少なくない。

第1章では、以上述べたような料理やお酒を通して見えてくる韓国の人たちの食習慣、食を介して情を分かち合う様子を紹介する。

第2章では、儒教の影響が色濃く残る韓国の家族や親戚のつながり、それが少子高齢化と共に変化しつつある現状を見ていきたい。

第3章では、韓国で2018年に広まった#MeToo運動を経て変わってきた映画やドラマに着目しつつ、実際に女性を取り巻く社会についても考えたい。

第4章では、兵役や就職難、不動産の高騰など韓国の若者を取り巻く困難、固定化していく格差について見ていく。

第5章では、韓国映画の主流とも言える現代史を描いた作品を通し、実際に起きた出来事やそれが韓国社会に与えた影響について考える。

韓国の映画やドラマを切り口に、私自身が韓国で実際に見聞きしたことも踏まえ、韓国についての大小様々な疑問に答えられるような、そんな本になればと思う。

第1章

あいさつは「ご飯食べた?」

分かち合う食文化は朝鮮戦争時の貧困が背景

韓国映画やドラマを見ていると、とにかくご飯を食べるシーンが多いのに気づく。韓国では食べることが非常に大切にされていて、出会ったら、あるいは電話でも、まず一言目に「ご飯食べましたか？」と聞くことが多い。「アンニョンハセヨ（こんにちは）」と言っているようなものだ。それに律儀に「まだです」などと答えれば、なんで食べてないのかと、早く食べるよう促されたり、食堂に連れて行ってくれたり、食べずに放っておかないのが韓国の人たちの情だ。

日本でも「同じ釜の飯を食う」という言葉があるが、韓国はもっと、食事を共にすることで親しくなるという考えが根づいている。だから映画やドラマで食事を通して仲が深まっていくのを見せるシーンが多い。ドラマ**『サイコだけど大丈夫』**（２０２０）では、主人公の男性保護士ガンテ（**キム・スヒョン**）の家主の手料理、うずら卵煮が主人公たちをつなぐ役割を果たした。口の悪い女性作家ムニョン（**ソ・イェジ**）は、つるつるすべってうずら卵がうまくつかめず、「クソッ」とつぶやく。それを見たガンテはサッと箸でつかんでムニョンのご飯の上にのせてあげた。これがムニョンにはよっぽどうれしかったらしい。それからというもの、自分のスプーンを差し出しては、おかずをその上にのせるようガンテに要求するようになった。

日本の食事のマナーとしては行儀が悪いように見えるかもしれないが、ご飯の上におかずをのせてあげるシーンはよく登場する。「あーんして」と、口を開けるようにうながして、サンチュで巻いた焼き肉を口に入れてあげることも。お母さんが子どもに、彼氏が彼女に、という場合が多いが、これは愛情表現の一つ。そういう時よく言うのが「マニモゴ（いっぱい食べて）」だ。愛情と言っても親子や恋人に限らない。私もしてもらうことがあるが、仲のいいオンニ（お姉さん）やオッパ（お兄さん）が、「彩、あーん」と言って入れてくれると、自分で食べるよりも数倍おいしい気がする。家族の愛情を感じられずに育ったムニョンは、ガンテがのせてくれたうずら卵が格別においしく感じられただろう。

韓国語で家族は同じ漢字で「カジョク」と発音するが、「食口《シック》」とも言う。一緒に食べる人＝家族ということだ。家族よりも少し広い、仲間という意味も含む。例えば新入社員を社長が他の社員に紹介する時、「今日から私たちのシックになる○○さんです」というふうに使う。

他人同士が家族のように一緒に暮らすドラマと言えば、『**応答せよ1994**』（2013）だ。主人公の女子大学生ナジョン（コ・アラ）の両親がソウルで下宿を営んでおり、食事のシーンは下宿生たちみんなが集まる。ナジョンの母（イ・イルファ）は、料理を作りすぎる癖がある。ある時は下宿生たちの実家からそれぞれ特産物が送られてきたと言い、朝からものすごい種類と量のおかずが並んだ。魚、卵、貝、タコ、カニと、順に誰の実家から送られたのか紹介され、子を想う親たちの愛を感じる瞬間だった。ところがこのカニが腐っていたのか、その日それぞれ行き先のサッカーの試合やコンサート会場などで腹痛に襲われるというオチだった。

私自身も最初に韓国に留学した2002年は下宿暮らしだった。当時は学生は下宿が当たり前だった。朝ご飯、晩ご飯は下宿の家主のおばさんが作ってくれて、下宿生みんなで食卓を囲んで食べる。それは楽しいおしゃべりの場であるだけでなく、試験について、サークル活動についてなど情報交換の場でもあった。下宿ではいろんな思い出があるが、2002年は日韓ワールドカップの年で、ベスト4に進出した韓国が準決勝のドイツ戦で負けた翌日、朝ご飯がなかったのにはびっくりした。家主のおばさんが泣き過ぎてご飯を作れないという理由だった。

最近の学生はワンルームなどに住み、下宿は減ってきたという。個人の空間や時間を大事にしたい若者が増えているのかもしれない。2002年当時は「一人でご飯を食べた」と韓国人の友達に言うと「なんで連絡くれなかったの？」と、まるで一人で食べてはいけないみたいに言われたものだが、いまや一人の外食も普通だ。一人で食べることを「ホンパプ」と言う。ホンジャ（一人）＋パプ（ご飯）の略語だ。

ドラマ『**ゴハン行こうよ**』（２０１３〜１４）は、一人暮らしのご飯がテーマだった。ただ、このドラマの放送当時はまだ一人で気軽に外食という雰囲気ではなかったようだ。女性主人公のイ・スギョン（イ・スギョン）は一人で人気の海鮮蒸しの店に並んで入ったものの、３〜４人前から注文可能と言われ、しぶしぶあきらめる。以前はそもそも一人前のメニューがない店も多かったが、最近はホンパプ向けの店が増えている。私が知るこの20年でも、韓国の食文化はかなり変わってきた。

とは言え、目の前の食べ物を分かち合う習慣は今も健在だ。これは日韓で誤解を生む原因にもよくなるようで、韓国の人は「おいしい？」と聞くのは「私にもちょっとちょうだい」という意味を込めて言っている場合が多い。ある時、日本で留学中の韓国人学生が、日本人学生が食べているアイスクリームを一口もらいたくて「おいしい？」と聞いたのに、「おいしい」とだけ言って、一口もくれなかったとぼやいていた。日本人の感覚ではアイスクリームを分け合うのは恋人ぐらいだろう。私も気づかないうちに「けち」だと思われているのかもしれない。

ところで、食を分かち合うのは韓国の伝統というわけではない。朝鮮時代（１３９２〜１８９７年）のドラマ『**宮廷女官チャングムの誓い**』（２００３〜０４）などを見ても、小さな膳に一人分の食事がのっていて、大皿で何人かが一緒に食べる今の韓国の食べ方とは違う。身分の高い人だから、というわけでもない。当時の風俗画を見れば、庶民も一人ずつ別々の器で食べている。第1次韓流ブームの最中に放送された『チャングムの誓い』は日本で韓国料理への関心を高める役割を果たした。「赤くて辛い」だけでない、体に優しく、見た目にも美しい多彩な料理があることを見せてくれた。ただ、韓国で宮廷料理を食べに行くと、朝鮮時代のように小さな膳に一人分が出てくることはまれで、やはり何人分かが一つの器に盛られて出てくることが多い。

では、いつ頃から大皿で分け合うようになったのかというと、朝鮮戦争（1950〜53）の頃だ。生活が困窮し、食器が不足するなかで、数人分を一つの器に盛るようになったのだという。それが定着し、経済的に豊かになってきても、一人分ずつ小分けにせずに一緒に盛って分け合う方式が家でも外食でもスタンダードになっている。時代劇も含め、食に注目して映画やドラマを見てみるのも変化が表れていておもしろい。

この章では、映画やドラマに頻出するメニューと、そのメニューが登場する意味、日本とはちょっと違う韓国の食文化について見ていきたい。

●**キム・スヒョン**（1988〜）⬇ドラマ『ドリームハイ』（2011）で人気を集め、ドラマ『太陽を抱く月』（2012）で百想芸術大賞最優秀演技賞を受賞して以降、スター俳優として活躍を続ける。代表作に映画『シークレット・ミッション』（2013）、ドラマ『星から来たあなた』（2013〜14）など。
●**ソ・イェジ**（1990〜）⬇ドラマ『君を守りたい―SAVE ME』（2017）や『無法弁護士―最高のパートナー』（2018）主演で注目を浴び、ドラマ『サイコだけど大丈夫』（2020）で百想芸術大賞の TikTok 人気賞を受賞した。

1　チキン店が多いわけ／早期退職者のお手軽開業

「チキンを食べに韓国行きたい！」

日本でドラマ『**愛の不時着**』（2020）が大ヒットして以来、こんな声をよく聞くようになった。チキンといえば、韓国ではフライドチキンか、フライドチキンに味付けしたものを指す。コロナの影響で渡韓が難しい期間が続き、日本国内にも韓国式チキン店が増えた。

チキン店は韓国ではどこに行ってもたくさんある。店でも食べるが、宅配で家で食べることも多い。普段からよく食べるが、日本みたいにクリスマスに食べるイメージはなく、チキンを食べる日と言えば、真っ先に思い浮かぶのはサッカーの国際試合がある日だ。国内のスポーツとしてはサッカーよりも野球が人気の韓国だが、国際試合になるとサッカー、それも最も熱くなるのが、日韓戦だ。

『愛の不時着』ではチキンがたびたび登場したが、主人公のユン・セリ（**ソン・イェジン**）と、北朝鮮から南下してきたリ・ジョンヒョク（**ヒョンビン**）、ジョンヒョクの部下の中隊員たちが一緒にチキン店でサッカーを観戦する場面があった。この時も日韓戦だった。韓国と北朝鮮は対立関係にあるが、対日本となれば、団結できるようだ。中隊員も韓国の客と一緒になって

「テーハンミング（大韓民国）！」と歌いながら応援し、ゴールでは店中がわき上がった。セリは喜びの余り、「今日はみんなのチキンを私がおごります」と叫んで、店内の客みんなにチキンをごちそうする。なぜサッカー日韓戦にそこまで燃えるのか、周りの韓国人に聞いてみると、「かつては日本に勝てるスポーツといえばサッカーぐらいだった。サッカーだけは日本に負けたくない、というのがある」と話していた。

『愛の不時着』に出てくるのは、「bb.q」という韓国大手のチキンチェーンだ。これでもか、というほどbb.qチキンが出てくるのは、ＰＰＬ（間接広告）だ。ＰＰＬは、Product placementの略だが、韓国ドラマを見ていると、特定の商品が分かるように食べたり飲んだり、使ったりというのがよく出てくる。その代わり、韓国のドラマは1話の合間に入るＣＭがなかったり、あっても少ない。韓国でドラマを見るのに慣れると、日本で1話の間に何度もＣＭが入るのは耐えがたい。多少興ざめな時もあるが、ＰＰＬの方が、まだありがたい。

私も日本のドラマファンに刺激され、自宅近くのbb.q一山湖公園店に行って、ドラマにも出てきた「黄金オリーブチキン」と「クリームチーズボール」を買って、公園で缶ビールと共に食べた。後で気づいたが、一山湖公園店は、まさに『愛の不時着』の撮影が行われた店舗の一つだった。自宅近くで撮影していたとは。

ドラマ『**応答せよ1997**』（2012）でも、宅配チキンを食べながらサッカー日韓戦をテレビ観戦する場面があった。テレビ画面はぼかしていたが、1997年のサッカー日韓戦と言えば翌年のワールドカップフランス大会に向けた予選だ。ドラマでは試合終了直前に韓国が逆転ゴールを決め、テレビ観戦していたみんなが抱き合って喜ぶが、その試合、私もはっきり覚えている。「応答せよ」シリーズ（1997のほか、1994、1988がある）は、タイトルに年代が入っているだけあって、その当時の実際にあった出来事がたくさん登場する。

最初はチキンなしで観戦していたが、主人公の女子高校生シウォン（チョン・ウンジ）の父が「チキン抜きでサッカーを見るのは赤ちゃんの時以来だ。今からでも注文しようか」と言ったとたん、インターホンが鳴って、注文していないはずのチキンが家に届く。届け間違いと知りながらも、素知らぬ顔で受け取って食べてしまう。やはりサッカー観戦にチキンがないと物足らないのだ。

ところで、チキン店が多いのは、チキンの消費量が多いからでもあるが、早期退職者の最もお手軽な開業がチキン店だと言われている。

韓国では法的には定年は満60歳だが、50歳くらいで早期退職を迫られることも多い。コロナ以前の話だが、『中央日報』（２０１８年７月21日付）によると、韓国の会社員がメインの職場を退職する平均年齢が49・１歳という衝撃的な数字が報じられた。確かに周りでも40代で退職しているケースは珍しくない。ちょうど子どもが高校から大学くらいの一番お金がかかる時期に重なることが多く、再就職したり、事業を始めたり、年金を受け取るまでの期間の収入確保は切実な問題だ。

イ・ビョンホン監督の映画『**エクストリーム・ジョブ**』（２０１９）は、売れないチキン店で張り込み捜査をしていた麻薬捜査班の刑事たちが、チキンが売れな過ぎて店が売りに出されたのを機に店を買い取ったところ、チキン店が大繁盛するというコメディーだ。１６００万人を超える観客を動員し、歴代２位の興行記録となった。

退職金を前借りしてチキン店を買い取ったコ班長（**リュ・スンリョン**）は、心配する同僚に「今回の捜査が失敗したら、どうせ退職してチキン店を開くしかない。予行演習だと思おう」と言った。

映画の中でこの店が大繁盛するのは、「水原《スウォン》ワンカルビチキン」という新メニューの開発によるところが大きい。水原といえばカルビ（王カルビと書いてワンカルビ）が有名だが、マ刑事（チン・ソンギュ）の実家が水原でカルビ店をやっていた関係で、そのカルビの味付けをチキンに応用する。映画の大ヒットに伴い、本当に水原ワンカルビチキンが売り出されたが、その後あまり広まらなかったところを見ると、実際のお味はいまいちだったのかもしれない。

　チキンをいくらよく食べると言っても、韓国のチキン店はすでに飽和状態になっている。世界のマクドナルドの総店舗数よりも韓国内のチキン店数のほうが多いくらいだ。映画のような大繁盛は夢のまた夢。貴重な退職金をつぎ込んで開業しても、赤字で廃業するケースも少なくない。現実の不景気を忘れさせてくれるチキンドリームが、映画を大ヒットに導いたのだろう。

●**ソン・イェジン**（**１９８２〜**）⬇観客や視聴者の涙を誘う演技で「メロドラマの女王」とも呼ばれる。ドラマ『美味しいプロポーズ』（２００１）で初主演以来、20年以上にわたって映画、ドラマで活躍を続け、主演女優賞を多数受賞した。２０２２年、ドラマ『愛の不時着』（２０２０）で共演したヒョンビンと結婚。代表作に映画『私の頭の中の消しゴム』（２００４）、ドラマ『恋愛時代』（２００６）など。

●**ヒョンビン**（**１９８２〜**）⬇50％を超える視聴率を記録したドラマ『私の名前はキム・サムスン』（２００５）で一躍スターに。御曹司役など甘い雰囲気の「花美《コツミ》男《ナム》」として人気を得たが、志願して訓練の厳しい海兵隊に入隊し、イメージを刷新。ドラマ『愛の不時着』（２０２０）の大ヒットで日本における第4次韓流ブームの主人公となった。代表作に映画『コンフィデンシャル／共助』（２０１７）、ドラマ『シークレット・ガーデン』（２０１０〜１１）など。

●**イ・ビョンホン監督**（**１９８０〜**）⬇コメディーを得意とし、映画『二十歳』（２０１５）、『パラム　パラム　パラム』（２０１８）を経て、『エクストリーム・ジョブ』（２０１９）でメガヒット。脚本・演出を務めたドラマ『恋愛体質―30歳になれば大丈夫』（２０１９）は放送当時の視聴率は低かったが、オンライン配信などで息の長い人気となった。

●**リュ・スンリョン**（**１９７０〜**）⬇世界的に人気のノンバーバル・パフォーマンス『ＮＡＮＴＡ』初期メンバー。助演の期間が長かったが、主演した『7番房の奇跡』（２０１３）、『エクストリーム・ジョブ』（２０１９）が観客数１０００万人を超える大ヒットを記録した。

2 どこでも出前？／韓国中華ジャジャン麺

ジャジャン麺も、映画やドラマに頻出のメニューだ。ジャージャー麺と訳されることもあるが、中華料理とはいえ韓国独特のメニューで、日本で言うジャージャー麺とは違うので、ここでは韓国の発音に近いジャジャン麺とする。

日本の港町、横浜や神戸にチャイナタウンがあるように、韓国の港町、仁川《インチョン》にもチャイナタウンがある。ジャジャン麺発祥の地で、ジャジャン麺博物館もある。1880年代以降、仁川に移住してきた、主に山東省出身の華僑が中華料理店を開き、山東のジャージャー麺を韓国人好みにアレンジしたのがジャジャン麺だ。

黒っぽいルーのようなものがかかった麺料理。その見た目に、最初はあまり気が進まなかっが、二、三度食べるうちにおいしさが分かってきた。たまに無性に食べたくなる。引っ越しの日に食べる定番メニューでもある。

ドラマ『**ゴハン行こうよ**』（2013〜14）では、世間知らずのお嬢さんジニ（ユン・ソヒ）が、イケメンの人気ブロガー、デヨン（ユン・ドゥジュン）が住むマンションに引っ越して来た日、ジャジャン麺の出前を取って一緒に食べる。ジニの部屋の前を通りがかったデヨンが壁に時計をかけるのを手伝ったのがきっかけだった。デヨンは「引っ越しの日はジャジャン麺に限る！」と言いながら満足そうにたいらげた。デヨンはグルメ専門のブロガーで、このドラマ、シーズン2、3と続き、登場するメニューごとにデヨンの解説が聞ける。韓国の食文化に興味がある人にはもってこいのドラマだ。

私も引っ越しの日にジャジャン麺を食べた経験がある。日本では引っ越し先に入る前に一通りの掃除は業者がやってくれていたが、韓国では周りの友達に「前の住人に掃除して出るように念を押した方がいい」と忠告された。とは言え見知らぬ人に掃除してと連絡する気にもならず、行ってみると本当に汚かった。業者に頼む人も多いと思うが、友達に「掃除手伝うから、ジャジャン麺でもおごってよ」と言われ、一緒に掃除をして一緒にジャジャン麺を食べた。

なぜジャジャン麺なのか？　引っ越したばかりで台所で炊事をする状況でもなく、簡単に出前で食べられるもの、というとジャジャン麺なのだろう。ジャジャン麺はとにかく注文したらすぐに来る。そしてどこにでも来てくれる。

韓国語で出前は配達《ペダル》だ。ドラマ**『最強配達人―夢見るカップル』**（2017）は、主人公の男女二人がジャジャン麺の配達人というドラマだった。いわゆる美人のダナ（チェ・スビン）は、学校に出前に行けば男子生徒たちのアイドルだが、お尻を触られたり、見下されたり、不当な待遇を受けることも多々ある。ダナの目標は「ヘル朝鮮《チョソン》」を脱出することだ。ヘル朝鮮とは、地獄のような韓国を指すスラングで、受験戦争や就職難で生きづらい若者たちがよく使う。

高卒のダナは朝の出勤前から英語を勉強し、こつこつとジャジャン麺の出前で海外移住の費用を貯めている。

ところが、配達先で倒れて高価な陶磁器を割ってしまい、入院費用と陶磁器の弁償で急にまとまったお金が必要になる。一緒に働く義理堅い男ガンス（コ・ギョンピョ）の提案で、店の定休日にこっそり出前の注文を受け、小金を稼ぐことにする。この時、ダナは川辺でキャンプやピクニックをしている人たちに出前のチラシを配る。調理をしながら電話を受けたガンスは「ハヌル広場の青いテントですね」と注文を受けていた。そう、本当にどこにでも届けてくれるのだ。屋外でも「○○大学の運動場の前」など、口頭で伝えた場所にバイクでちゃんと来てくれる。

私のジャジャン麺出前の思い出といえば、2002年留学時の旧正月の時。今は旧正月でも開いている店がけっこうあるが、当時はほとんどの店が閉まっていた。当時の彼の家に遊びに行ったものの家族はみんな地方に行って食べる物がなく、ジャジャン麺の出前を取って食べた。届けてくれるのも早かったが、器を取りに来るのも早く、まだ半分しか食べていなくて慌てて飲み込むように食べたところ、その後胃もたれして彼の家で寝込んでしまった。間抜けで恥ずかしかった思い出だ。

ジャジャン麺が登場する場面は、笑いを誘う場面が多い。ジャジャン麺が出てくるだけでなぜかクスッと笑いたくなる。上品に食べようにも口の中も周りも黒くなってしまうからだろうか。**ポン・ジュノ監督**の映画『**殺人の追憶**』（2003）は連続殺人事件を描いた映画だが、容疑者取り調べの休憩中に刑事と容疑者が一緒にジャジャン麺を食べながらテレビを見ている場面があった。深刻なはずの連続殺人事件の取り調べが、急に滑稽に見える。

ドラマ『**油っこいロマンス**』（2018）はジャジャン麺のドラマと言っても過言ではない。それだけでコメディーだ。主要登場人物3人がジャジャン麺関係者だ。元ヤクザで中華料理店オーナーのドゥ・チルソン（**チャン・ヒョク**）、ホテルの中華のスターシェフ出身ソ・プン（**ジュノ**）、そしてジャジャン麺が大好物の財閥令嬢タン・セウ（**チョン・リョウォン**）。ホテルを事実上追い出されたプンは、チルソンの店で働くことに。父が逮捕され、一気に一文無しになったセウがホールスタッフをやりたいと言って店に訪ねて来た時、セウに片思い中のチルソンはすぐにOKする。調理も接客も経験がないと言って反対するプンに、チルソンは「ジャジャン麺が好きじゃないか」と言い、プンは「ジャジャン麺嫌いな韓国人がいるか？」とあきれ返る。そのくらい愛されメニューなのだ。

ジャジャン麺が好きな私も、ドラマのタイトルにある通り、「油っこい」のは今日はちょっと、という日もある。そういう日は、チャンポンだ。韓国中華の二大メニューが、ジャジャン麺とチャンポンだ。韓国のチャンポンはたいてい赤くて辛い。

中華料理を数人で食べに行くと、大皿でいくつかのメニューを分け合って、〆にそれぞれジャジャン麺かチャンポンを頼むのが一つのパターンになっている。たいてい、今日はチャンポンの気分の日は体調が悪かったり、ストレスがたまっていて辛いものが食べたかったり。ジャジャン麺が食べたい日は油っこくても消化できる元気な日。自分の心身の状態を知るバロメーターになっている。

韓国に暮らせばとっても身近なのに日本ではあまり食べる機会のないジャジャン麺。ぜひ韓国旅行中にでも一度、どこでも出前体験を味わってみてほしい。

●**ポン・ジュノ監督**（**1969〜**）⬇長編デビュー作『ほえる犬は噛まない』（2000）の興行成績は厳しかったが、次作『殺人の追憶』（2003）以降、すべてヒットしている。韓国で観客数が最も多かったのは『グエムル 漢江の怪物』（2006）。『パラサイト 半地下の家族』（2019）でカンヌ国際映画祭パルムドール（最高賞）、米アカデミー賞作品賞をはじめ四冠を果たし、世界最高峰に上りつめた。ファンの間では『殺人の追憶』や『母なる証明』（2009）をベスト1に選ぶ人も多い。

●**チャン・ヒョク**（**1976〜**）⬇映画『僕の彼女を紹介します』（2004）やドラマ『チュノ―推奴』（2010）などで日本でも人気を集める。代表作にドラマ『根の深い木―世宗大王の誓い』（2011）など。

●**ジュノ**（**1990〜**）⬇アイドルグループ「2PM」メンバー。映画『監視者たち』（2013）で本格的に俳優としても活動を始め、映画『二十歳』（2015）で初主演。ドラマ『赤い袖先』（2021〜22）で百想芸術大賞最優秀演技賞受賞。

●**チョン・リョウォン（1981〜）**⬇アイドルグループ「シャクラ」メンバーとしてデビューし、俳優としてはドラマ『私の名前はキム・サムスン』（2005）で注目を浴びる。代表作に映画『二つの顔の猟奇的な彼女』（2007）やドラマ『サラリーマン楚漢志《チョハンジ》』（2012）など。

3 「ラーメン食べますか?」の別の意味とは?

韓国でラーメンと言えば、インスタントラーメンを指す。発音はラミョン。日本では特に「辛ラーメン」がよく知られているが、辛ラーメン以外も、韓国のインスタントラーメンは大体赤くて辛い。ドラマでも深夜に家でラーメンを食べる様子がよく登場するが、実際にも本当によく食べる。家で食べるだけでなく、コンビニでお湯を入れて立ち食いしたり、粉食《ブンシク》チプと呼ばれる軽食店でもれっきとしたメニューとして食べられる。

世界ラーメン協会の統計によると、2021年、韓国の一人当たりのラーメンの消費量は年間73個で、ベトナム（年間87個）に次いで世界2位だった。2020年までは1位だった。ドラマでラーメンを食べているのを見ると、ついつられて食べたくなるが、中国など海外で韓国のインスタントラーメンがよく売れているのは、韓国ドラマの影響も大きいようだ。**ポン・ジュノ監督**の映画『**パラサイト　半地下の家族**』（2019）では「ジャパゲッティ」と「ノグリ」を混ぜた「ジャパグリ」が登場し、世界的に流行した。「ジャパゲッティ」はジャジャン麺のインスタント、「ノグリ」はちょっと太めの麺で、スープもすっきりおいしい個人的には一番好きなラーメンだ。

　ところで、韓国では「ラーメン食べますか？」に別の意味があるのはご存じだろうか？　ドラマの中だが、この韓国の「常識」を知らない人たちがいた。大企業の副会長イ・ヨンジュン（**パク・ソジュン**）と敏腕秘書キム・ミソ（**パク・ミニョン**）のラブコメディー『**キム秘書はいったい、なぜ？**』（２０１８）での話だ。秘書のミソは、家に来たヨンジュンに「ラーメン食べて行きますか？」と言い、ナルシストのヨンジュンは「食品添加物の塊は食べない主義だが、君の誠意を考え食べてやる」と答える。財閥御曹司ゆえ、インスタントラーメンを食べるのは初めてだったらしく、キムチと相性ぴったりのラーメンのおいしさに驚き、夢中になって食べる。「ラーメン食べて行きますか？」と朗らかに言ってのけるミソも、本当にラーメンを食べるだけで帰るヨンジュンも、韓国では「非常識」な人たちだ。

　後日、ミソは同僚たちの雑談で「ラーメン食べますか？」に女性が男性を誘惑する意味があると知り、慌てふためく。ドラマの中ではなぜ女性が男性を誘惑する意味で使われるのかの説明はないが、これは当然視聴者が知っているくらい、有名なセリフだからだ。

　そのセリフが出てくるのは、**ホ・ジノ監督**の映画『**春の日は過ぎゆく**』（２００１）だ。ウンス（**イ・ヨンエ**）が、自宅まで車で送ってくれたサンウ（**ユ・ジテ**）に向かって言う。「ラーメン食べますか？」と。いったん車から離れて、戻ってきて言ったのが、勇気を出した告白のように見えた。一人暮らしのウンスの家に上がったサンウに、ウンスはさらに、ラーメンを作りながら「泊っていきますか？」と畳みかける。これが「ラーメン食べますか？」が「泊っ

ていきますか？」の意味で使われるようになったきっかけだ。この映画を見ていない人でもこのセリフは知っている。それほど有名なセリフとなった。

ウンスとサンウの愛の始まりを目撃した観客は、春の日が過ぎゆくように、二人の別れも目撃することになる。それゆえ、「ラーメン食べますか？」で結ばれた二人のはかない愛が、深い余韻を残した。『**八月のクリスマス**』（１９９８）と共に、ホ・ジノ監督作で特にファンの多い作品だ。日本でヨン様ブームとも呼ばれた第１次韓流ブームの頃に公開され、ヒットした**ペ・ヨンジュン、ソン・イェジン**主演の『**四月の雪**』（２００５）もホ・ジノ監督作だ。

このセリフのおかげで、男女がラーメンを一緒に食べるということ自体が、特別な関係を意味するようになった。ドラマ『**ロマンスは別冊付録**』（２０１９）でも、カン・ダニ（**イ・ナヨン**）とチ・ソジュン（ウィ・ハジュン）が一緒にラーメンを食べるシーンがあった。ここでは男性のソジュンが女性のダニに「ご飯まだだったら、一緒にラーメンどう?」と誘った。二人はまだ名前も職業も互いに知らない間柄だった。

二人がラーメンを食べたと聞いたダニの弟分チャ・ウノ（イ・ジョンソク）はあきれ返る。「ラーメンでピンと来ない？」と。よく知りも知らない男とラーメンを食べるなんて無防備過ぎるというのだ。「イ・ヨンエがユ・ジテにラーメンを食べて行けと言ったら、映画で二人はどうなった?」と、ウノがダニに問いただす。ところがダニは「二人は寝たわ」とあっけらかんと答えた。そのうえで、「考えたら不愉快だわ。私、魅力ない?」と、ウノに聞く。ラーメンを一緒に食べたのに、その後何も起こらなかったことが不愉快だと言うのだ。

こんなふうに、ドラマではロマンスの始まる前兆のように登場するラーメンだが、実際はと言えば、少なくとも私は「ラーメン食べますか?」と、そういう意味で誘ったことも、誘われたこともない。一方で年間73個も食べるので、性別に関係なく一緒にラーメンを食べる機会は少なからずある。1次会2次会と飲んだ後、もう1軒行くほどではないが、ちょっと名残惜しい時。「ラーメン食べて帰ろう」と言って、酔い覚ましにコンビニで食べるラーメンは格別においしい。韓国のコンビニは外にテーブルと椅子があって、買ったものをそこで食べられるようになっている所も多い。

あるいは、店で〆にラーメンを注文することも多い。そういう時、必ずと言っていいほど誰かが言う。「他人が作ってくれたラーメンが一番おいしい」と。なぜなのかは不明だが、その場のみんながそれに同意しながら、一つの鍋のラーメンを分け合って、解散となる。

一人で食べるラーメンはわびしいが、男女であれ、誰かと庶民的な食べ物を分かち合うというのが、特別な連帯感を生むのかもしれない。ラーメンを一緒に食べるくらいあなたに心を開いていますよ、という意思表示だ。

●**ポン・ジュノ監督**⬇1-2

●**パク・ソジュン**（**1988～**）⬇韓国ではドラマ『サム、マイウェイ―恋の一発逆転！』（2017）、映画『ミッドナイト・ランナー』（2017）で一躍スター俳優に。ドラマ『梨泰院クラス』（2020）のパク・セロイ役で日本をはじめ海外でも人気に火が付いた。CM出演でも絶大な人気を誇る。

●**パク・ミニョン**（**1986～**）⬇2006年にドラマデビュー後、ほぼ毎年ドラマに主演し続けている。「ロコ（ロマンティック・コメディ）クイーン」とも呼ばれ、代表作にドラマ『トキメキ☆成均館スキャンダル』（2010）、ドラマ『キム秘書はいったい、なぜ?』（2018）など。

●**ホ・ジノ監督**（**1963～**）⬇長編デビュー作『八月のクリスマス』（1998）と次作の『春の日は過ぎゆく』（2001）がいずれも青龍映画賞最優秀作品賞を受賞。日本ではペ・ヨンジュンが主演した映画『四月の雪』（2005）で知られる。

●**イ・ヨンエ**（**1971～**）⬇映画『JSA』（2000）で脚光を浴びる。ドラマ『宮廷女官チャングムの誓い』（2003～04）で主人公のチャングムを演じ、日本で男性韓流ファンが増えるきっかけを作った。清楚な美貌でCM出演も多く、「酸素のような女性」と呼ばれる。代表作に映画『親切なクムジャさん』（2005）など。

●**ユ・ジテ**（**1976～**）⬇映画『リメンバー・ミー』（2000）で注目を浴び、日本では『オールド・ボーイ』（2003）の謎の男ウジン役で知られる。代表作に『春の日は過ぎゆく』（2001）、ドラマ『グッドワイフ―彼女の決断』（2016）など。

●**ペ・ヨンジュン**（**1972～**）⬇韓国では65・8%という伝説的高視聴率を記録したドラマ『初恋』（1996～97）

で注目を浴び、ドラマ『冬のソナタ』（2002）で日本の韓流ブームのきっかけを作った。ヨン様ブームとも呼ばれるほど絶大な人気を誇ったが、現在は俳優活動は休止している。代表作にドラマ『太王四神記』（2007）、映画『スキャンダル』（2003）など。

●**ソン・イェジン**⬇1-1

●**イ・ナヨン**（**1979〜**）⬇映画『小さな恋のステップ』（2004）で青龍映画賞主演女優賞受賞。2015年に俳優のウォンビンと結婚した。代表作に映画『私たちの幸せな時間』（2006）など。

4 ミナリは「おばあちゃんの味」

韓国から米国へ移住した一家を描いたリー・アイザック・チョン監督の映画『**ミナリ**』（2020）のタイトルのミナリは、香味野菜のセリだ。日本ではお吸い物に香りを添えるような繊細なイメージがあるが、韓国ではミナリは鍋にごっそり入れるワイルドなイメージだ。

『ミナリ』では、おばあちゃんのスンジャ（**ユン・ヨジョン**）が韓国から米国へ持って来たセリの種をまく。スンジャは農業で成功を夢見るジェイコブ（**スティーヴン・ユァン**）の妻モニカ（**ハン・イェリ**）の母で、孫たちの面倒を見るためにやって来た。スンジャは「ミナリは雑草みたいにどこでも育って、誰でも抜いて食べられる。キムチに入れたり、鍋に入れたり。薬にもなる。ミナリはワンダフル、ワンダフル！」と絶賛する。水際でたくましく繁殖するセリが、米国で移民として根を下ろそうとする一家の奮闘ぶりと重なった。1980年代、「アメリカンドリーム」を抱くジェイコブは、子どもたちに父として何かをやり遂げる姿を見せたいと、農作物の栽培に悪戦苦闘する。

ジェイコブが最も苦労するのは「水」だ。農作物の栽培に必要な水がなかなか得られず、水道代で家計が傾くほどだ。一方渡米してきたスンジャは真っ先に小川を探し、その近くに植えたミナリはすくすく育つ。水分の多い湿地や田んぼが栽培に向いているミナリはスンジャから家族へのワンダフルなプレゼントだ。

ユン・ヨジョンは2021年のアカデミー賞助演女優賞を受賞した。2020年にアカデミー賞四冠を果たした『**パラサイト　半地下の家族**』の**ポン・ジュノ監督**は、ユンとの対談で、ユンがこれまで演じてきた数々の個性的なキャラクターを挙げながら、「(スンジャは) これまでで最もラブリーな役」と語った。ユンは実際は米国で暮らした経験があって英語はある程度話せるが、スンジャが片言の英語で孫たちに語りかける姿は本当にラブリーだった。

スンジャが言うように韓国でのミナリの食べ方は様々だ。キムチや鍋に入れる以外も、ナムル（和え物）にしたり、チヂミにしたり、サムギョプサルと一緒に食べたりもする。サムギョプサルと一緒に食べるのは一般的な食べ方ではなく、特に慶尚北道・清道《チョンド》での食べ方として知られている。清道はミナリの産地だ。サムギョプサルとミナリを鉄板で一緒に焼きながら食べる。ミナリが旬の春先には、多くの観光客がミナリサムギョプサルを食べようと清道を訪れる。私は清道で食べたことはないが、テレビで見て家でサムギョプサルを食べる時に真似てみた。ミナリの独特の香りがサムギョプサルの脂とあいまってマイルドになり、絶品だった。ミナリは肉や海産物の臭みを消す効果があり、「韓国のハーブ」とも呼ばれる。

韓国でミナリについて聞くと、若い世代では「おばあちゃんの味」、中年以上では「昔よく食べた」と言う人が多い。もちろん今も食べるが、懐かしい田舎の味というイメージがあるようだ。孫のデビッド（アラン・キム）は韓国から来たばかりのスンジャを「韓国の匂いがする」と嫌がる。スンジャは嫌がられても気にせず、韓方薬（韓国独自に発展した東洋医学に基づく生薬）を飲ませようとしてますます嫌がられる。スンジャは「ミナリは薬にもなる」と言っていたが、免疫力アップ、解毒作用など様々な効能があるとされる。デビッドにとってスンジャは「薬」のような存在だ。デビッドの心臓疾患が回復に向かうのはスンジャのおかげという余韻が残った。

韓国ではお酒を飲む機会が多く、飲む量も日本に比べて多い。ミナリが二日酔いに効くと聞いて、私は飲み過ぎた翌朝にはミナリドリンクを飲んでいる。

ミナリと言えば、「江南《カンナム》はかつてミナリ畑だった」と言う人もいる。ソウルの中心はもともとは漢江《ハンガン》の北側、江北《カンブク》だったが、漢江の南側、江南の開発が進み、今はビルやマンションが立ち並ぶ。富裕層の住む地域とされ、不動産価格が高騰し続けている。ユ・ハ監督の映画『**江南ブルース**』（２０１５）を見れば、開発前の梨畑やミナリ畑ののどかな江南が出てくる。韓国の原題は『江南１９７０』だった。開発が進んだ１９７０年代、「誰でも抜いて食べられる」庶民の味方のミナリが広がっていた江南が経済発展と共に都市化していく様子が描かれた。ミナリに懐かしさを感じる理由だ。

映画『ミナリ』効果で、韓国ではミナリの販売量が2倍に増えたという。ワンダフルなミナリを味わいながら、自身のおばあちゃんを思い浮かべる人も多いのだろう。

●ユン・ヨジョン（1947〜）⬇映画『ミナリ』（2020）で米アカデミー賞助演女優賞受賞。ドラマ『張禧嬪《チャン・ヒビン》』（1971）のチャン・ヒビン役、映画『火女』（1971）の家政婦役で注目を集め、主演俳優として活躍するが、歌手のチョ・ヨンナムと結婚しアメリカに移住した。離婚後、端役から演技を再開。デビューから半世紀以上、現在も第一線で活躍を続ける。韓国では歯に衣着せぬトークでバラエティー番組でも人気。代表作に映画『バッカス・レディ』（2016）など。

●スティーヴン・ユァン（1983〜）⬇韓国系アメリカ人の俳優で、主に米国で活動している。韓国では映画『オクジャ okja』（2017）で知られ、『バーニング 劇場版』（2018）では謎めいた金持ちの若者ベンを演じ、全米批評家協会賞助演男優賞を受賞するなど高く評価された。

●ハン・イェリ（1984〜）⬇韓国芸術総合学校舞踊科出身。卓球の南北統一チームの実話をもとにした映画『ハナ 奇跡の46日間』（2012）で北朝鮮の選手を演じ、注目を集めた。代表作に映画『最悪の一日』（2016）、ドラマ『緑豆の花』（2019）など。

●ポン・ジュノ監督⬇1-2

5 甘くて苦いソジュ（韓国焼酎）は恋愛の味

「あの、韓国の映画やドラマによく出てくる緑の瓶のお酒、何？」

少し前まではよく聞かれた質問だが、ドラマ『**梨泰院《イテウオン》クラス**』（2020）が日本で大ヒットしてからは、緑の瓶のお酒がソジュと呼ばれる韓国焼酎であることは日本でも多くの人が知っている。以前は日本では韓国食品専門のスーパーでしか見なかったが、今や一般のスーパーにもソジュが並んでいる。

『梨泰院クラス』では主人公パク・セロイ（**パク・ソジュン**）が居酒屋「タンバム」を営み、ソジュを飲んでいる場面はよく出てくる。タンは甘いを意味し、バムは夜だ。あるいは、タンバムは甘栗という意味もある。この甘いには、ソジュが甘いという意味も込められているのは、第1話を見ると分かる。父（ソン・ヒョンジュ）と未成年のセロイがソジュを飲むシーンだ。「酒の味はどうだ？」と聞く父にセロイは「甘い」と言う。父は笑いながら、「今日一日が印象的だった証拠だ」と言った。これは、ソジュの味がその日の気分で変わるということだ。ある時は甘く、ある時は苦く。

韓国は旧正月を祝うのでその時は連休になるが、新暦の正月は元旦のみが休日だ。2020

年は私も1月2日から仕事で、日本に帰らず韓国で年末年始を過ごした。案の定、忘年会から新年会へ、エンドレスの飲み会続きとなった。ソジュもいっぱい飲んだが、ワインバーへ行った時のこと。コースターにハングルで「これ飲んだら俺たち付き合おう」と、印字されていた。このセリフの主、**チョン・ウソン**の顔がすぐに浮かんだ。

イ・ジェハン監督の映画『**私の頭の中の消しゴム**』（2004）で、屋台でソジュを飲みながらチョルス（チョン・ウソン）がスジン（**ソン・イェジン**）に言ったセリフだ。スジンはグイッとソジュグラスを傾け、一気に飲み干した。ここから二人の甘く切ないラブストーリーが始まる。ソジュが出てくる名場面を問えば、このシーンを挙げる人が多い。

『私の頭の中の消しゴム』は日本でも人気の作品で、ポン・ジュノ監督の映画『パラサイト半地下の家族』（2019）まで長らく日本での韓国映画の興行収入1位に君臨していた。『パラサイト』が15年ぶりに記録を塗り替えた。

キム・ハンギョル監督の映画『**最も普通の恋愛**』（2019）のソジュを飲むシーンも印象的だった。この映画、主人公たちがとにかくソジュを飲む、飲む。

主人公は、彼の浮気が原因で別れたばかりのソニョン（**コン・ヒョジン**）と、彼女の浮気が原因で婚約が破談となったが未練いっぱいのジェフン（**キム・レウォン**）。職場の同僚の二人は飲み過ぎては大胆なことを言ったり、過去の恋愛の傷を打ち明けたりして、翌日覚えていない（ふり）という繰り返しで近づいていく。二人の甘くて苦い恋愛をソジュで表現しているよ

『最も普通の恋愛』DVD 好評発売中
発売：クロックワークス　販売：TC エンタテインメント
©2019 NEXT ENTERTAINMENT WORLD & ZIP CINEMA. All Rights Reserved.

うな映画だった。映画やドラマの小道具として、甘いだけのマッコリよりも、苦みもあるソジュの登場が圧倒的に多いわけだ。

初めて二人きりで飲むシーンでは、口の動きで言葉を当てるゲームをしながら、負けた方が一気飲みという無茶な飲み方をしていた。ソジュグラスはおちょこのように小さいが、アルコール度数は17％ほど。これをストレートで何杯も飲むのだから、酔っ払わない方がおかしい。ストレート以外の飲み方としては、ビール（メクチュ）と混ぜて飲む「ソメク」も人気だ。ソジュとビールを注いだ後、グラスにスプーンを勢いよく突っ込むのをドラマでもよく見るが、実際にもよくやる。そうすると泡が立って、よく混ざるのだという。

『最も普通の恋愛』のキム監督は女性だ。#MeToo 運動を経て、女性監督の活躍が目に見えて増えたが、キム監督もこの作品が長編デビュー作で、観客数290万人を超えるヒットを記録した。女性の気持ちを代弁している箇所が多々あった。例えばこんなシーン。ジェフンが、酔っ払って言動が乱れるソニョンのことを「若くもないのにまったくイタいオバサン」と言うと、ソニョンは「自分はどうなの？　見るからにオッサンよ。あなたも若くない」とやり返す。二人は同い年だ。カッとしてジェフンは「男と女は違う！」と言うが、ソニョンは「同じよ。違うと習った？」と、あきれる。自分のことは棚に上げて女性の歳のことを言う男性はけっこう多い。いちいちちゃんと言い返してくれるソニョンのキャラクターは女性監督ならではという気がした。

『最も普通の恋愛』と、どこか似た感じがしたのはチョン・ガヨン監督の映画『**恋愛の抜けたロマンス**』（2021）。やはり女性監督で、これも男女の主人公がよく飲む。「デートアプリ」で出会った二人は初対面でまず冷麺を食べに行き、ソジュを飲む。ジャヨン（**チョン・ジョンソ**）が勝手に注文し、ウリ（**ソン・ソック**）が飲まないと言うと、ジャヨンは「朝からホンスル（一人酒）させる気？」と言って半強制的に飲ませる。明るいとは思ったが、昼でもなく朝だった。ウリも飲める方だが、恐らく初対面の女性と朝からソジュというのに抵抗があったのだろう。その後も二人はソジュを飲み明かし、友達にも言えないような恋愛話を明かしあって親密になっていく。

ソン・ソック×ソジュの組み合わせと言えば、ドラマ『**私の解放日誌**』（2022）だ。ソン・ソックが演じたク氏は素性の分からない男で、過去に何があったのか（後半で明らかになるが）、一人で見知らぬ土地に越してきて、昼は農作業、夜はホンスルの毎日。ク氏の部屋が怪しく緑に光り輝くシーン、何かと思ったら床中ぎっしり並んだソジュの空瓶だった。

ソジュと一言で言っているが、同じ緑の瓶でも、ソジュは地方によって銘柄が違い、アルコール度数や味もちょっとずつ違う。首都圏でよく売っているのは、日本でもよく見る「チャミスル」、そして「チョウムチョロム」だ。チョウムチョロムは江原道のソジュだが、首都圏でも多くのお店で売っている。

ただ、2019年にはなぜか「日本製品不買運動」に巻き込まれた。一時は、瓶に「チョウムチョロムは大韓民国のソジュブランドです」というタグが付いていた。最初にそれを見た時は意味が分からず、どういうことか周囲に問うと、「チョウムチョロムの製造販売元がロッテ酒類だから不買運動の対象になっている」と言う。ロッテはもともと日本で創業したが、日韓国交正常化を機に韓国に進出し、ホテルやデパートなども営む一大財閥に成長した。ロッテ酒類もれっきとした韓国の企業だ。日本製品不買運動は、いろんな意味で納得のいかないことがたくさんあった。

ちなみに韓国では「酒量は?」と、どれくらい飲めるのかをよく聞かれるが、普通はソジュを基準に「1本(360ml)」「1本半」などと答える。平均は1~1本半だという。ソジュは1965年まではアルコール度数35%の非常に強いお酒だったが、年を経るごとにだんだん度数が下がっている。コロナの影響で家でソジュを飲む人が増え、2021年にはチョウムチョロムが16・9%から16・5%にまた下がった。家で一人、または家族と映画やドラマを見ながらソジュをたしなむといった風に飲み方が変化したようだ。映画やドラマに出てくるソジュの飲み方も今後変わってくるのかもしれない。

●**パク・ソジュン**⬇1-3

●**チョン・ウソン（1973〜）**⬇映画『ビート』（1997）の高校生役で主演して人気を集め、「青春スター」と呼ばれた。UNHCR（国連難民高等弁務官事務所）親善大使として難民を支援する活動でも知られる。歳を重ねて役の幅が広がり、映画『無垢なる証人』（2019）で青龍映画賞主演男優賞受賞。代表作に映画『グッド・バッド・ウィアード』（2008）など。

●**ソン・イェジン**⬇1-1

●**コン・ヒョジン（1980〜）**⬇ドラマ『サンドゥ、学校へ行こう!』（2003）で注目を浴びて以来、映画、ドラマで多くの個性的なキャラクターを演じ、ヒット作も多い。ドラマ『最高の愛―恋はドゥグンドゥグン』（2011）で百想芸術大賞最優秀演技賞受賞。代表作にドラマ『椿の花咲く頃』（2019）、映画『最も普通の恋愛』（2019）など。

●**キム・レウォン（1981〜）**⬇ドラマ『屋根部屋のネコ』（2003）で人気を集め、主にコメディーで活躍する。代表作に映画『マイ・リトル・ブライド』（2004）、ドラマ『パンチ―余命6ヶ月の奇跡』（2014〜15）など。

●**チョン・ジョンソ（1994〜）**⬇映画『バーニング 劇場版』で主演に抜擢され、デビュー作でカンヌ国際映画祭のレッドカーペットを歩いた。映画『ザ・コール』（2020）で百想芸術大賞最優秀演技賞受賞。代表作に映画『恋愛の抜けたロマンス』（2021）など。

●**ソン・ソック（1983〜）**⬇ドラマ『私の解放日誌』（2022）で無口な謎の男、ク氏を演じ、爆発的な人気となる。映画『犯罪都市 THE ROUNDUP』（2022）が観客数1200万人を超える大ヒットとなったのは、ソン・ソック人気によるところが大きい。短編映画『再放送』（2021）の監督としても才能を発揮。

6 登山のお供はマッコリ／飲むために登る？

韓国で暮らしていると、登山に誘われることがよくある。大抵は土日の早朝出発で、怠け者の私は起きる自信がなくて、なんだかんだ断っている。毎週末山に登っているという知人も周りに少なくない。コロナでインドアの活動が難しくなり、ますます登山人口が増えているという。映画やドラマにも登山のシーンが登場するが、気になるのは、登山の後に飲むお酒が決まってマッコリだということだ。

女優**ムン・ソリ**が自ら監督し、女優ムン・ソリ役として主演した映画『**女優は今日も**』（2017）でも、女友達二人と一緒に山に登ったムン・ソリ（ムン・ソリ）は、下山後、マッコリを飲んでいた。この映画は、ムン・ソリの自伝的映画だ。ムン・ソリといえば**イ・チャンドン監督**の映画『**オアシス**』（2002）でベネチア国際映画祭新人女優賞を受賞するなど、韓国内外で演技力を認められた女優だが、自伝的（自虐的）映画の中では出演オファーの少なさを嘆いている。映画が公開された2017年は#MeToo運動が韓国で本格的に広まる前の年で、女性主演の映画が少なかった頃だ。

登山後、女友達とマッコリを飲み始めたところ、男性3人が「ムン・ソリさんのファンです」と声をかけてきて、一緒に飲むことになる。マッコリに酔った男性たちは、ムン・ソリに向かって失礼な言葉を連発する。登山で疲れて空腹なところにマッコリが入れば、それは酔っ払うだろう。

この映画、ドキュメンタリーではないが、ムン・ソリの夫役で本物の夫**チャン・ジュナン監督**（『1987、ある闘いの真実』など）が出てくる。酔いつぶれたムン・ソリに向かって「大変なら何か一つでも減らしたら」と言う。仕事がなくて嘆いているぐらいなので、「何を減らすのよ」と返すムン・ソリ。チャン・ジュナン監督は「じゃあ、お酒でも減らしたら……」と遠慮がちに言った。

実際にも登山の後にマッコリを飲む人は多い。登山後のマッコリが目的で山に登る人もいるほどだ。お酒に詳しい友人に聞いてみた。「なんで他のお酒でなくマッコリ?」と。「空腹を満たしてくれるから」だと言う。他のお酒に比べてアルコールの度数は低く、乳酸菌やタンパク質、ビタミンなどが豊富なのだそう。農村では、昔から畑仕事の合間に間食のようにマッコリを飲む文化があるという。友人いわく、「マッコリはもともと庶民のお酒」。今は最も大衆的に飲まれているのはソジュ（韓国焼酎）だが、かつてはマッコリだった。

登山後は、マッコリを飲みながらパジョン（チヂミ）を食べるのが定番だ。マッコリとパジョンと言えば、韓国の人たちが雨の日に食べたくなる代表メニューでもある。パジョンを焼く音が雨の音と似ているから、という説もある。

ホン・サンス監督の映画『**ハハハ**』（2010）は、男二人が登山後にマッコリを飲みながら旅の話を交わす映画だ。冒頭、ムンギョン（**キム・サンギョン**）と先輩のジュンシク（**ユ・ジュンサン**）はソウル近郊の清渓《チョンゲ》山に登り、下山してマッコリを飲み始める。二人は最近それぞれ慶尚南道・統営《トンヨン》に行ってきたことを知る。この海辺の観光地、統営の旅の話を肴にマッコリを飲むのだが、二人の旅の話はカラーで展開し、一区切りのところでモノクロに変わってマッコリを飲むシーンを挟む。「そうですか」「乾杯」などと言って、またカラーに戻って次の話が展開するというのを繰り返す。

おかしいのは、観客としては統営で二人が同じ人に会ったり、ごく近くにいながらお互い気づかなかったりというのを目撃するが、二人は映画の最後までその事実を知らないで話しているという点だ。案外、そういうものかもしれない、とも思う。知り合いが同じ空間にいても気づいていないこと、同じ人のことを話しながらお互いに別の人と思い込んでいることはあるかもしれない。ホン・サンス監督作は何気ない日常を描いているようでいて、滑稽で、よく考えると自分のことのように思えたりもする。『逃げた女』（2020）でベルリン国際映画祭銀熊賞（監督賞）を受賞するなど、海外では評価の高い監督だが、韓国の一般の観客にはあまり受けないようだ。公開直後でも上映時間が深夜帯だったりして、マイナー扱いなのに驚く。

もう1本、登山とマッコリで思い出すホン・サンス監督作は『**ヘウォンの恋愛日記**』（2013）だ。女子大学生のヘウォン（チョン・ウンチェ）は、既婚者の教授ソンジュン（**イ・ソ**

ンギュン）との関係を終わらせたいと思っているが、うまくいかない。南漢山城《ナムハンサンソン》に登ったヘウォンを追ってソンジュンがやって来るが、またけんかになって別れる。気持ちが高ぶったヘウォンは登山客の飲んでいたマッコリを「一杯いただけますか？」と言って紙コップに注いでもらい、一気飲みする。

余談だが、この時先にヘウォンと一緒に南漢山城に登ったカップルは先述の『ハハハ』に登場するジュンシク（ユ・ジュンサン）とヨンジュ（イエ・ジウォン）のカップルだ。別の映画なのに何の脈絡もなく同じカップルが登場するのも、ホン・サンス監督のなせる業。さらにこの映画、最後まで見ると、ヘウォンは日記を書きながら居眠りしていて、結局ヘウォンとソンジュンの話は日記の中の話なのか、夢の中の話なのか、よく分からない。どっちにしたってヘウォンの頭の中の話を観客は映画として見ていたことになる。

『女優は今日も』『ハハハ』『ヘウォンの恋愛日記』と3本挙げてみて気づくのは、いずれも夢とうつつのあわいを漂う映画だ。それもまた濁り酒マッコリの見せる幻だろうか。

●**ムン・ソリ**（**1974～**）➡映画『ペパーミント・キャンディー』（2000）でデビューし、映画『オアシス』（2002）でベネチア国際映画祭新人女優賞受賞。代表作に映画『浮気な家族』（2003）、『三姉妹』（2021）など。『女優は今日も』（2017）で監督としても注目を集める。

●**イ・チャンドン監督**（**1954～**）➡小説家出身。『グリーンフィッシュ』（1997）でデビューし、『ペパーミント・キャンディー』（2000）が釜山国際映画祭の開幕作として上映され、注目を集めた。『オアシス』（2002）主演のムン・ソリがベネチア国際映画祭新人女優賞、『シークレット・サンシャイン』（2007）主演のチョン・ドヨンがカンヌ国際映画祭主演女優賞、『ポエトリー アグネスの詩』（2010）でカンヌ国際映画祭脚本賞を受賞するなど、国際的に高く評価されている。2003〜04年、文化観光部長官。弟子たちの映画をプロデュースするなど後進の育成にも力を入れている。

●**チャン・ジュナン監督**（**1970〜**）⬇長編デビュー作『地球を守れ！』（2003）が興行的には大コケするも、モスクワ国際映画祭で監督賞を受賞したのをはじめ、韓国内でも新人監督賞を多数受賞。2006年に女優のムン・ソリと結婚した。『ファイ 悪魔に育てられた少年』（2013）で久々に注目を集め、『1987、ある闘いの真実』（2017）で興行的にも成功し、百想芸術大賞の大賞、青龍映画賞最優秀作品賞を受賞した。

●**ホン・サンス監督**（**1960〜**）⬇デビュー作『豚が井戸に落ちた日』（1996）がロッテルダム国際映画祭最優秀作品賞を受賞。以後、ほぼ毎年1〜3作品を発表し続けており、海外での受賞が最も多い韓国の監督。2016年に女優キム・ミニとの不倫が報じられ、本人たちも認めた。キム・ミニはホン・サンス監督の『夜の浜辺でひとり』（2017）でベルリン国際映画祭最優秀女優賞を受賞した。

●**キム・サンギョン**（**1972〜**）⬇『気まぐれな唇』（2002）を皮切りにホン・サンス監督作に多数出演。代表作に映画『殺人の追憶』（2003）、『光州5・18』（2007）など。

●**ユ・ジュンサン**（**1969〜**）⬇映画、ドラマ、ミュージカルと幅広く活躍。代表作に映画『次の朝は他人』（2011）、ドラマ『がんばれ！プンサン』（2019）など。

●**イ・ソンギュン**（**1975〜**）⬇映画『パラサイト 半地下の家族』（2019）では金持ちのパク社長を好演した。代表作に映画『最後まで行く』（2014）、ドラマ『マイ・ディア・ミスター 〜私のおじさん』（2018）など。

第2章

家族の存在感

急激な少子高齢化と根強い家父長制

韓国の映画やドラマに見られる特徴の一つは家族の存在感の大きさだ。第1章で取り上げたように食事のシーンが多いこととも通じる。主人公の家族が登場しない作品は珍しく、トラウマの要因が家族だったり、親の反対で恋愛や結婚が本人の望み通りにできなかったり、あるいは人生の岐路での選択の理由が家族だったり、様々な形で家族が主人公に多大な影響をもたらす。家族をテーマにした映画やドラマも多い。

大ヒット映画を例に見てみよう。観客数1400万人を記録したユン・ジェギュン監督の**『国際市場で逢いましょう』**（2014）は、朝鮮戦争から現在に至るまでの主人公の男性ドクス（**ファン・ジョンミン**）の人生を描いた映画だが、ドクスは人生の岐路で何かを選択する時、必ず家族が理由になっている。ドクスに最も大きな影響を与えているのは、朝鮮戦争の時に生き別れとなった父だ。ドクスが年老いても釜山の国際市場にある店を手放さないのは、そこで待っていたら父が訪ねてくるかもしれないという期待からだった。父の妹が営んでいた店で、別れ際に父がそこへ行くよう念を押したのだった。

「船長になって世界を航海したい」という自分の夢は後回しにして、弟の大学授業料や妹の結婚費用のために西ドイツの炭鉱やベトナムの戦場で命がけで働いたのも、父に家族のことを頼まれたからだ。父は妻でなく、なぜ幼いドクスに家族を守るよう頼んだのか？　長男だからだ。自分（父）がいない間はドクスが「家長」だと言い聞かせた。

クライマックスは、離散家族となっていた妹との再会だった。朝鮮戦争で逃げる途中で妹を見失い、妹を探しに行った父と生き別れたことが、ドクスの大きなトラウマになっていた。妹を探し出し、父に代わって家長としての責務を果たしたドクス。待ちわびた父はついに現れなかったが、ドクスはいつも心の中で父と対話しながら生きてきた。

チャン・フン監督の映画『**タクシー運転手　約束は海を越えて**』（2017、観客数1218万人）は1980年の光州事件を描いた映画だが、これも主人公のタクシー運転手マンソプ（**ソン・ガンホ**）と娘の物語でもあった。妻に先立たれたマンソプはもともと民主化運動には関心がなく、最大の関心事は幼い娘だった。危険な状況とは知らず、ドイツ人記者を乗せて光州入りしてしまったマンソプ。車の故障でその日のうちにソウルに戻れなくなり、一人で留守番をしている娘が心配で仕方がない。ドイツ人記者を光州に残して一人でソウルへ向かい、途中で隣りの家に電話をかけて娘の安否を確認し、車の故障で帰れなかった旨伝えた。娘にプレゼントする靴も買ったが、後ろめたさで涙があふれる。Uターンしてまた電話をかけ、娘に謝り、再び光州へ向かった。娘が最優先の平凡な父ゆえ、その葛藤の大きさが痛いほど伝わってきた。

歴史的事件をベースにしつつ、家族の物語に仕立てることで、観客にとっては過去の事件がグッと身近に感じられる。「歴史的事件×家族の物語」は韓国映画の大ヒットの一つの公式となっている。

実際にも、家族関係が日本に比べると密な場合が多いようだ。特に母と息子の結びつきが強い。成人した息子が母に抱きついて「オンマ（お母さん）、サランヘヨ（愛しています）」と言うのは、日本では想像しがたいが、韓国ではよくあることだ。儒教の影響も大きいと思う。年配の人を敬うという点で、日本で見られない習慣もたくさんある。例えば、目上の人の前でタバコを吸ってはいけない。父の前で息子が吸うのもＮＧだ。

ただ、時代と共に家族の関係や考え方も変わってきていて、世代間ギャップを生んでいる面もある。ソン・ホビン監督のドキュメンタリー映画『**B級の嫁**』（２０１８）では、嫁姑の対立が描かれた。ソン監督にとっては自分の妻と母の対立だ。家族のけんかを撮る、というのはとても勇気のいることだと思うが、観客である他人の目にはコメディーのようにおもしろい。ソン監督の妻、キム・ジニョンさんが姑と衝突するのは、例えばこんなことだ。冷蔵庫がいっぱいなのにキムチを漬けたと言って持ってくる姑。普通は内心「困ったな」と思っても感謝の言葉を述べそうなところ、ジニョンさんは露骨に嫌がる。姑は姑で礼を言わない嫁に怒る。

この手の話は実際にもよく聞く。母が息子の家にキムチやおかずを作って訪ねて来るのは、息子愛ゆえだが、嫁としては干渉を受けているような圧迫感を感じる場合もある。姑が突然家に訪ねて来て冷蔵庫を開けて食べ物がちゃんと入っているかチェックするような場面は映画や

『移葬』
©INDIESTORY Inc.

ドラマでもたびたび登場する。当然のように我慢してきた嫁が大半だったと思うが、『B級の嫁』のジニョンさんのように嫌なことは嫌と言う嫁が出てきたのは時代の変化だろう。

チョン・スンオ監督の映画**『移葬』**（2020）では、姉よりも尊重される弟、親戚の中で発言権の強いおじの存在が際立っていた。家父長制の名残とも言える。

韓国は十数年前まで土葬が一般的だったが、近年は土地に限りがあるということもあり、火葬が増えている。『移葬』では亡くなった父をいったん土葬したが、改めて火葬するなかでの家族、親戚の葛藤が描かれた。

5人きょうだいの中の4姉妹がおじの家を訪ねるが、おじは「長男が来ていない」と言って、移葬を認めない。長男とは言うが、5人きょうだいの末っ子だ。母が息子を産もうとがんばって5人も産んだことは容易に想像がつく。韓国では「息子を産まなければ」というプレッシャーが非常に強かった。そのプレッシャーがいかに女性を苦しめるかは、日韓でベストセラーになった小説『82年生まれ、キム・ジヨン』にも出てきた。

『移葬』の末っ子長男は、4姉妹とは音信不通の状態だった。4人の姉たちは弟だけを尊重するおじに反感を持ちながらも、父の移葬のため仕方なく弟の居場所を探し始める。それぞれ個性の強い4姉妹がけんかしながら弟を探すロードムービーだ。

何人も子どもを産む時代ならまだしも、出生率が0・78（2022年）という低さの今の韓国で、息子、特に長男を特別扱いするのは時代に合わないと思うが、信仰に近いものを感じる。

もう一つ、父の移葬になぜおじの許可が必要なのか、とも思う。韓国は親戚の呼称が細分化されているが、『移葬』に出てくるおじは「クンアボジ」と呼ばれていた。クンは大きい、アボジは父だから、直訳すれば「大きい父」で、父の兄を指す。親戚の中でも年長の男性の権限が大きいことが分かる。少子高齢化が進み、家族形態は多様化しても、家父長制の名残は根強い。

この章では、映画やドラマを通し、変化しつつある家族や親戚の関係と共に、変わらぬ息子愛、出生率低下の原因にもなっている行き過ぎた教育熱について見ていきたい。

●ファン・ジョンミン（1970〜）⬇『ワイキキ・ブラザース』（2001）で認知度が高まり、『ユア・マイ・サンシャイン』（2005）で青龍映画賞主演男優賞受賞。観客数が1000万人を超えた『国際市場で逢いましょう』（2014）、

『ベテラン』（2015）をはじめ、主演映画の累積観客数が1億人を突破したほどヒット作が多い。演じたキャラクターの中では『新しき世界』（2013）の華僑のヤクザ、チョン・チョン役が特に愛されている。

●チャン・フン監督（1975〜）⬇キム・ギドク監督のもとで演出を学び、助監督まで務めた。キム・ギドクプロデュースの映画『映画は映画だ』（2008）で監督デビュー。『義兄弟 SECRET REUNION』（2010）、『タクシー運転手 約束は海を越えて』（2017）で青龍映画賞最優秀作品賞受賞。

●ソン・ガンホ（1967〜）⬇韓国の国宝級の名優。舞台俳優としてデビューし、映画『グリーン・フィッシュ』（1997）で注目を集めた。世界を席巻した『パラサイト 半地下の家族』を含む主演映画4作品が観客数1000万人を超える大ヒットを記録。『パラサイト』でカンヌ国際映画祭パルムドール（最高賞）を受賞したポン・ジュノ監督は、ソン・ガンホについて「最も偉大な俳優」と称えた。ポン監督作には『パラサイト』のほか『殺人の追憶』（2003）、『グエムル 漢江の怪物』（2006）、『スノーピアサー』（2013）の4作品で主演。是枝裕和監督の『ベイビー・ブローカー』（2022）でカンヌ国際映画祭最優秀男優賞を受賞した。

1 お父さんは、何をしてるの？／家族への関心

韓国の映画やドラマを見ていると、家族がよく出てくるのに気づくと思う。実際に日本よりもはるかに家族、親戚とのつながりが強いと感じるが、その人個人でなく家族までひっくるめて見る視線への違和感は、最近のドラマの中でも指摘されている。

ドラマ『**マイ・ディア・ミスター―私のおじさん**』（2018）では、会社の上司であるパク・ドンフン（**イ・ソンギュン**）と女性契約社員のイ・ジアン（**IU／イ・ジウン**）の会話に表れていた。ドンフンとジアンがまだお互いをよく知らなかった頃、無口なジアンに、ドンフンが話の糸口を見つけようと、こう話しかけた。

「お父さんは、何を？」

それに対してジアンは、少し沈黙した後、こう返した。

「おじさん（注：会社の上司だが、ジアンはドンフンを「おじさん」と呼ぶ）のお父さんは？　私は全然気にならないけど。なぜ父のことを？」と問いただす。驚いて、別に意味はないが聞いただけだと言うドンフン。さらにジアンは「どんな家の子か、父親の職業で判断するため？」と、畳みかけた。

実際はジアンのように反応する人は少ないだろう。さらっと答えれば済む話だ。が、私も気になっていた。韓国ではよく父親の職業を聞かれる。日本ではあまり聞かれることがないので、なぜ知りたいのだろう、と、内心はジアンのように思っていた。日本に比べて家族や親戚のつながりが濃い韓国だから、当然のように話題にするのかもしれないが、父親の職業が医師や弁護士だったら、私に対する視線も変わるのだろうか。

セリフの少ないドラマだったが、その少ないセリフの中に、様々な韓国社会の矛盾を感じるドラマだった。

このドラマ、韓国でも日本でも中年男性のなかで絶賛する人が多い。中年男性の主人公ドンフンやドンフンの兄弟ら共感する登場人物が多いのだろう。ドンフンはドラマの主人公としては珍しい、平凡なサラリーマンだ。だが、ジアンは彼の人間的な魅力に徐々に惹かれていく。ジアンを演じるＩＵは、韓国では「国民の妹」と呼ばれるほど、全世代から愛されるアイドルだ。是枝裕和監督もこのドラマがきっかけで、映画『ベイビー・ブローカー』（２０２２）でＩＵをキャスティングした。

一方、ドラマ『**賢い医師生活**』（２０２０）でも、父親の職業を問う場面があった。初対面の研修生に対し、医師たちが代わる代わる部屋に入ってきてはあいさつ言葉のように「お父さん、何してるの？」と聞く。「農業」と答えると、関心のない表情で去っていく。「医師」と答えれば、「どこの大学出身？」「どこの病院に勤めているの？」と、会話が始まったのかもしれない。それに対し、一人違う質問をするのが、主人公の男性医師イ・イクチュン（**チョ・ジョンソク**）だ。「よく聴く曲は？」と、研修生に好きな音楽について尋ねる。父の職業を問う医師と、好きな音楽について聞く医師の対比。もちろん、研修生たちは後者の質問に生き生きと答える。

これらのシーンがあるということ自体、ドラマの作り手に父親の職業を問うことに対する問題意識があるということだろう。

私自身、大学院入試で親に関する書類の提出を求められ、戸惑ったこともある。ソウルの東国大学の博士課程に進むため、書類を準備していて、目を疑った。戸籍謄本までは理解できる。それに加え、本人だけでなく、父と母のパスポートのコピー、さらに「両親が離婚している場合は離婚証明書」とあった。親が離婚していることと、私の博士課程進学と、どういう関係があるのだろうか？　なぜそこまで家族のことを知ろうとするのか、それを証明しないと博士課程に進めないのか、まったく理解できず、啞然とした。両親は私が中学生の時に離婚しているから、かれこれ20年以上前だ。もしかすると授業料が払えるかどうかを見る目的なのかもしれないが、博士課程なら私のように社会人経験を経て30代で入る人もざらにいる。今さら20年以上前の親の離婚を証明しろと言われても……。悩んだが、それについて何も言わず、何も出さなかった。そもそも私の両親が離婚しているかどうかを大学側は知りようがないのだから。

韓国の知人の中には、人権侵害として訴えるよう勧めてくる人もいたが、入学が決まったら考えようと思っているうちに時が過ぎてしまった。韓国は日本よりも圧倒的に訴訟件数が多いが、理不尽なことを泣き寝入りで済まさず告発する人が多いためだ。

ドラマ『**ミスティ―愛の真実**』（２０１８）では、主人公の人気キャスター、コ・ヘラン（キム・ナムジュ）が空港で高校時代の友達ソ・ウンジュ（チョン・ヘジン）とばったり会った時、ウンジュはヘランにまず夫の職業を聞いた。久々に会って、結婚した友達の相方がどういう人なのか気になるのは理解できる。ヘランは「検事出身の弁護士」と答えて、続けて夫の家は代々最高裁判事の法曹一家だと言った。ウンジュはヘランの夫に会ってみたいと言い、次回は夫婦同伴で食事しようと提案する。

ここで少し脱線するが、韓国では日本と違い、裁判官や検事を定年まで務めず、弁護士に転身する場合が多い。裁判官や検事出身の弁護士の方が勝率が高いと見られ、報酬が高い傾向がある。ヘランがわざわざ夫の職業をただの弁護士でなく「検事出身の」と言った理由だ。

家族のことをよく聞かれると前述したが、家族のことを自分から話す人も多い。少し親しくなると、どういう家族構成で親や兄弟、配偶者が何をしているのかは大体お互いに把握している。そして友人や知人の家族と一緒に会う機会も実際少なくない。日本では少なくとも私の場合は大学以降に出会った人は親しくても互いの家族についてあまり知らないことも多く、そのギャップを感じる。

韓国に家族がいないという理由で不利益を被ることもある。新型コロナウイルス感染症の影響で、日韓の往来が非常に難しくなっているなか、短期ビザを取得して入国しようとした時のこと。普段の入国審査の前に、2週間隔離のための手続があり、そこで「短期ビザでは自宅では隔離できませんよ」と、言われた。短期ビザで自宅隔離をするには韓国に家族がいることが条件だというのだ。

「家賃を払い続けている家があるのに、なぜ高い宿泊料を払ってホテルで隔離するのか」と食い下がったが、空港の出入国管理事務所で繰り返し言われたのは「家があるかどうかの問題ではない。韓国に家族がいるかどうかの問題」ということだ。そうだろうか？　隔離に必要なのは家族よりも家だと思うが……。計8年も韓国に住んでいたら、何かあった時に家族のように駆けつけて助けてくれる友人知人はたくさんいる。血縁にこだわる理由はよく分からない。韓国の友人が入管に電話して抗議してくれたが、そういうルールという一点張りだったという。友人もあきれていた。

日本でも韓国でも昔に比べて未婚の人が増え、韓国の出生率は世界最低水準だ。家族の形も多様化し、家族を基準に見る見方は、そろそろ実社会に合わなくなってきているのでは、と思う。そのことに対するさりげない問題提起が、『私のおじさん』『賢い医師生活』を通して見えてきた。

●**イ・ソンギュン**⬇1-6
●**IU（イ・ジウン、1993〜）**⬇歌手としてはIU（アイユー）の名で知られるが、俳優名はイ・ジウン。全年齢層に愛され、「国民の妹」と呼ばれる。ドラマ『マイ・ディア・ミスター ―私のおじさん』で演技力を高く評価された。是枝裕和監督の映画『ベイビー・ブローカー』（2022）に出演し、日本でも知名度が上がった。
●**チョ・ジョンソク（1980〜）**⬇映画『建築学概論』（2012）の主人公（イ・ジェフン）の親友役で注目を集めた。ミュージカル俳優としても人気。好感度が高く、CM出演も多い。代表作にドラマ『賢い医師生活』（2020、2021）、映画『EXIT イグジット』（2019）など。

2 遠い親戚まで及ぶ強固な連帯感／族譜のパワー

日本に比べて親戚のつながりが強いのは、「族譜」によるところも大きい。族譜は家系に関する記録で、実物も見たことがあるが、百科事典のような分厚い本になっている。私が見せてもらったのは、開城王氏の族譜だったが、開城《ケソン》は現在の北朝鮮の地名で、王《ワン》は姓だ。姓の前につく地名を本貫《ポングアン》と言う。姓の由来となった地名だ。開城王氏の始祖は、高麗を建国した王建《ワン・ゴン》（８７７〜９４３年）の曾祖父だ。千年以上続く氏族なのだ。

族譜を見れば、始祖から数えて何代目というのが一目で分かるようになっている。**ユン・ジョンビン監督**の映画『**悪いやつら**』（２０１２）は、１９８０〜９０年代の釜山を舞台に、「半ダル」のチェ・イクヒョン（**チェ・ミンシク**）を主人公に描いた。韓国語でヤクザを「コンダル」というが、一般人とコンダルの間のイクヒョンは「半ダル」だ。イクヒョンは税関職員だったが、押収したヒロポンを暴力団に横流しする。この暴力団のボス、チェ・ヒョンベ（**ハ・ジョンウ**）が、イクヒョンと同じ慶州崔氏《キョンジュ・チェ》だった。当初は下手に出ていたイクヒョンだが、同じ崔という姓なので、ヒョンベに「どこの崔氏ですか？」と尋ねる。ヒョンベは「慶州崔氏です」と答えた。さらに慶州崔氏の中でもいくつかの派に分かれていて、同じ「忠烈公派」だと分かった途端、イクヒョンの態度が傲慢になる。自分が代が上だというのだ。ヒョンベは39代、イクヒョンは35代。同じ代は名前に同じ漢字を使う場合が多く、名前で何代目かが分かる。急に「お辞儀をしろ」と言い出したイクヒョンをヒョンベは相手にしないが、後日父親から呼び出されて怒られる。父親はヒョンベに、イクヒョンの言うことをよく聞くようにと言って、お辞儀をさせる。ただ同じ氏族で代が上だというだけで、イクヒョンは暴力団の中で権力を握る。

　実際、初対面の韓国人同士の会話を聞いていると、「どこの金氏ですか?」「どこの李氏ですか?」と本貫を尋ねることが多い。本貫まで同じだと親近感を持つきっかけにもなるが、異性の場合は逆に男女交際の対象から外れることを意味する。以前は姓も本貫も同じ「同姓同本」の結婚が禁じられており、２００５年の法改正で同姓同本でも結婚できるようになった。法改正後も意識はすぐには変わらず、同姓同本の結婚を避ける雰囲気は今も残る。同姓同本がどのくらいの規模なのかというと、例えば最も多いとされる金海金氏《キムヘ・キム》は４４５万人いるとされる。日本で最も多い姓は佐藤で、１８６万人だが、それよりはるかに多い。遠い親戚とも言えないくらい遠くても、同じ金海金氏というだけで結婚ができなかったのだ。

『悪いやつら』の韓国の原題は『犯罪との戦争：悪いやつらの全盛時代』だった。「犯罪との戦争」は、盧泰愚《ノ・テウ》大統領が１９９０年に出した特別宣言を指す。犯罪と暴力に対する戦争を宣言し、大々的な暴力団の取り締まりに乗り出した。映画の中ではこの時にもイクヒョンは族譜をうまく活用して切り抜ける。

族譜がいかに重要かというのは、**イム・グォンテク監督**の映画**『族譜』**（1979）によく表れている。梶山季之の小説が原作だ。日本統治下の朝鮮で創始改名が進められるなか、大地主のソル・ジニョン（チュ・ソンテ）は族譜を守ろうと、創始改名を拒む。創始改名というのは、日本統治下の朝鮮人に氏を新たに創り、名を改めることを求めた政策で、例えば金氏なら金本など日本風の氏に変えることが多かった。

日本人の谷六郎（ハ・ミョンジュン）は、創始改名を進める側の朝鮮総督府京畿道庁の職員だが、内心は気が進まない。公務員である一方、谷は画家でもあり、朝鮮の風景の美しさを愛でるような人物だ。仕事として仕方なくソルの説得に行くが、ソルは族譜を取り出し、700年続いてきた族譜を自分の代で終わらせることはできないと言う。「私たち家族の血統であり、歴史であり、生命だ」と谷に説明した。

抵抗を続けるソルに総督府側は圧力をかけていく。日本統治下の日本人は単純に悪役として描かれがちだが、谷はソルと共に悩み、総督府とソルの間で葛藤する日本人として描かれた。ソルは結局、子孫が生き延びる道として創始改名を受け入れつつ、自身は死を選ぶ。族譜を守れないことは、ある人にとってはそれほど重大なことだったのだ。

『族譜』が描いた時代ほどでないにしても、今も族譜が重視されているのは確かだ。冒頭、開城王氏の族譜を見たと書いたが、これは京都に住む在日コリアンの王清一《ワン・チョンイル》氏についての資料を集める中で、見せてもらったものだ。王清一氏は、私が所属する東国大学日本学研究所の生みの親であり、現理事長だ。研究所で王清一氏に関する資料集を作ることになり、資料集めを担当したのだが、研究所が求めたリストに族譜があった。私には族譜から何が分かるのかよく分からなかったが、研究所側では、王清一氏の両親や祖父母のみならず、遠い親戚にどんな著名人がいるのかまで詳しく知ろうとするのを見ながら、今も族譜がパワーを持っているのだと実感した。

●**ユン・ジョンビン監督**（**1979～**）⬇卒業制作で、兵役の厳しい現実を描いた映画『許されざるもの』（2005）を発表し、釜山国際映画祭で4部門受賞という華々しいデビューを飾った。釜山出身で、『悪いやつら』（2012）では自身の父や父の周辺人物をモチーフにしたとされる。『工作 黒金星と呼ばれた男』（2018）で青龍映画賞監督賞受賞。

●**チェ・ミンシク**（**1962～**）⬇映画『シュリ』（1999）で演技力を認められた。カンヌ国際映画祭で『酔画仙』（2002）が監督賞、『オールド・ボーイ』（2003）が審査員特別賞を受賞するなど、主演映画が国際的に高い評価を受けた。韓国で最多動員数を記録した『バトル・オーシャン 海上決戦』（2014）の主演俳優でもある。

●**ハ・ジョンウ**（**1978～**）⬇映画『許されざるもの』（2005）以来、ユン・ジョンビン監督作の常連。父は俳優キム・ヨンゴン。2018年には主演作の観客数が累計1億人を突破。『国家代表!?』（2009）、『哀しき獣』（2010）、『ベルリンファイル』（2013）で百想芸術大賞最優秀演技賞を受賞。代表作に『悪いやつら』（2012）、『神と共に』（2017、2018）など。監督としても活動している。

●**イム・グォンテク監督**（**1934～**）⬇『シバジ』（1987）でカン・スヨンがベネチア国際映画祭主演女優賞を受賞したのをはじめ、1980年代後半から国際的に高く評価される。日本では『風の丘を越えて／西便制』（1993）で知られる。『酔画仙』（2002）でカンヌ国際映画祭監督賞を受賞。映画評論家の佐藤忠男は韓国映画に興味を持ったのは、イム・グォンテク監督の『曼陀羅』（1981）に魅了されたのがきっかけだったと明かした。

3 なぜそこまで？／息子への執着

キム・ドヨン監督の映画『**82年生まれ、キム・ジヨン**』（２０１９）を見ていると、共感する部分も多いが、私の経験とはだいぶ違うなと感じるのは、息子と娘に対する親の態度だ。私自身が１９８２年生まれなので、キム・ジヨン（**チョン・ユミ**）とは同じ時代を生きてきたはずだ。私には2歳上の兄がいるが、兄が息子だからという理由で何か私以上に親から恩恵を受けていると感じたことはあまりない。

ジヨンは、姉、ジヨン、弟という3人きょうだいだが、これも韓国に多いパターンだ。女の子、女の子、男の子。そしてその弟が、二人の姉に比べて親から、特に父から優遇されている。ジヨンの抱える不満の一つはこれだった。子どもの頃父が弟にだけ買ってきた万年筆。私も欲しかったという悔しさは、成人しても残っていたようだ。父はジヨンが何を好きなのかに関心がなかった。関心がないことにすら気づいていなかった。もちろん日本でも娘に比べて息子を大事にする親はいるが、韓国の方が圧倒的に多い気がする。

ドラマ『**結婚作詞　離婚作曲**』（２０２１）は、同じラジオ番組を担当する女性3人の結婚や離婚を描いたドラマだ。ラジオＤＪのプ・ヘリョン（イ・ガリョン）は、結婚しても子どもは産まないつもりだった。夫パン・サヒョン（ソンフン）もそれに納得していると思っていたが、違ったらしい。不倫相手の女性が妊娠したのをきっかけにサヒョンの方から離婚を求めてきた。

サヒョンの両親も、孫が、特に男の子の孫がほしいのが本音だ。不倫した息子が悪いとは分かっていながら、相手が妊娠した子が男の子だったら……と思うと、子どもを産む気がないヘリョンと離婚させるのもいいかもしれないと考え始める。サヒョンやヘリョンよりも、孫が気になっているのだ。

サヒョンの不倫相手が妊娠した時、サヒョンは豚の夢を見た。子牛くらい大きな豚で、抱っこしてなでていたら目が覚めたという。それを聞いたヘリョンは「避妊していなければ胎夢《テモン》ね」と言った。サヒョンが不倫しているのは知らず、自分たちが避妊しているから胎夢なわけがないと思っていたのだ。胎夢というのは、妊娠を意味する夢だ。韓国ではよくこんな夢を見たらこんな意味、という夢占いの話をする。特に豚が出てくる夢は縁起がいいとされる。

同じ日、サヒョンの父も胎夢を見たと言う。妊娠の可能性を問われたヘリョンは「違います。考えは変わりません」ときっぱり返した。たびたびサヒョンの両親から子どもを産むように説得されているのだ。ヘリョンが、サヒョンの姉が妊娠したんじゃないかと言うと、サヒョンの母は「また娘だったら？」と、縁起でもないという表情を見せた。サヒョンの姉には娘がいるらしい。サヒョンの両親は、娘の娘でなく、息子の息子が欲しいのだ。

胎夢の話は、チョ・ナムジュの小説『82年生まれ、キム・ジヨン』にも出てきた。ジヨンの母が3人目を授かった時だ。母は「家ほどもある虎が門を壊して飛び込んできてスカートの中にすっぽり入る」夢を見た。虎なので、息子だと思ったのだろう。だが、エコーの結果は女の子だった。ジヨンの母は一晩中泣いて、病院へ行き、ジヨンの妹を堕胎した。

ただ、実際は息子を一人は産まなければというプレッシャーは、以前に比べるとなくなってきたようだ。2022年の韓国の合計特殊出生率は0・78で過去最低を更新した。合計特殊出生率は女性一人が生涯に産む子どもの平均人数であり、日本の1・27程度（2022年）よりもはるかに低く、世界最低水準だ。結婚や出産自体が当たり前でなくなってきているなかで、性別まで言ってられないのも当然だ。2020年に生まれた子どもの男女比は、女の子100人に対し、男の子104・9人で、若干男の子が多い程度だった。これが、少し前は違った。特に3人目以降は男の子がはっきり多かった。女の子が二人いる場合、3人目も女の子と分かれば堕胎を選ぶケースが多かったからだ。1993年に生まれた3人目の子どもの男女比を見ると、女の子100人に対し、男の子207・3人と、2倍を超える多さだった。私の世代ではあまり聞かないが、少し上の世代では一人目が女の子で、二人目も女の子と分かった時、姑から堕胎するよう言われた、という話を聞いた。そう珍しい話ではないという。

最終回28・4％の高視聴率を記録したドラマ『**夫婦の世界**』（2020）でも、息子への執着は際立っていた。これも夫の不倫をきっかけに離婚する夫婦の話だったが、一人息子をめぐって夫婦の争いが執拗に続く。主人公の女医チ・ソヌを演じた**キム・ヒエ**の圧巻の演技に引き込まれて見たものの、内容としてはあまりにもドロドロで、毎回見た後はぐったり疲れるほどだった。

チ・ソヌの夫イ・テオ（パク・ヘジュン）は若くて美しいヨ・ダギョン（**ハン・ソヒ**）と再婚し、娘も生まれるが、チ・ソヌのもとにいる息子をあきらめられない。新しい家庭を築いてそれぞれ幸せに暮らせばいいものを、テオはソヌに黙って息子を呼び、息子と二人で撮った写真をソヌに送りつける。ソヌの息子への執着も狂気的で、間にいる息子がかわいそうに見えて仕方ない。

息子への執着の根底にあるのは、男性が家を継ぐという考えだ。韓国では戸主制（父から息子に続く男系血統の戸主を中心とする戸籍制度）がわりと最近まで法的に残っていた。2005年に戸主制に対する憲法不合致決定が出されて戸主制度が廃止され、相続についても男女平等が実現する。私は2005年、ソウルの成均館大学法学部に交換留学中で、家族法の授業を受けながら今まさに法的に男女平等が進んでいるというのを目の当たりにした。だが、法が変わっても意識はすぐには変わらないもの。まだまだ娘より息子、というのは映画やドラマを見ていても感じる。

●チョン・ユミ（1983～）➡映画『家族の誕生』（2006）で青龍映画賞助演女優賞を受賞し、『教授とわたし、そして映画』（２０１０）や『ソニはご機嫌ななめ』（２０１３）などホン・サンス監督作の主演で注目を集める。代表作にドラマ『ライブ―君こそが生きる理由』（２０１８）、映画『82年生まれ、キム・ジヨン』（２０１９）など。

●**キム・ヒエ（１９６７〜）**⬇１９８３年にデビューして以来、数々のドラマ、映画で活躍を続け、俳優たちのロールモデルのような存在。ドラマ『夫婦の世界』（２０２０）では百想芸術大賞最優秀演技賞を受賞。代表作にドラマ『密会』（２０１４）、映画『ユンヒへ』（２０１９）など。

●**ハン・ソヒ（１９９４〜）**⬇ドラマ『夫婦の世界』（２０２０）で脚光を浴び、ドラマ『わかっていても』（２０２１）主演で人気を集めた。Netflix シリーズ『マイネーム―偽りと復讐』（２０２１）では激しいアクションにも挑戦し、華奢なイメージから脱却した。

4 入試コーディネーターって？／狂気の教育熱

近年社会現象となったドラマの一つに『**SKYキャッスル**』（2018〜19）がある。大学入試をめぐる親と子どもの受験戦争がテーマだった。現実の過熱する競争を風刺したブラックコメディーで、多くの人の関心事だったのだろう。

主演の**ヨム・ジョンア**をはじめ演技派はそろっていたものの、スター俳優のいないキャスティングで、初回の視聴率は1・7％にとどまったが、回を追うごとに話題になり、最終回は23・8％の高視聴率を記録。日本で大ヒットした『愛の不時着』（2020）の21・7％よりも高かった。

ドラマのメイン舞台となるSKYキャッスルは架空の超高級団地で、大学病院の医師やロースクールの教授とその家族が住んでいる。SKYと言えば、韓国ではトップ3の大学を指す。ソウル大学、高麗大学、延世《ヨンセ》大学のアルファベットの頭文字だ。

このドラマを通して最も注目を浴びたのは、入試コーディネーターだった。主人公の主婦ハン・ソジン（ヨム・ジョンア）は、長女のイェソ（キム・ヘユン）の大学受験のため、女性入試コーディネーター、キム・ジュヨン（キム・ソヒョン）を雇う。合格率100％を誇るキ

ム・ジュヨンの報酬は、数十億ウォンだという。もちろん現実にはここまで高いことはないと思うが、入試コーディネーターは実際に存在するそうだ。

そんな大金を払って何をしてくれるのかと言えば、高校の成績だけでなく、ボランティア活動、交友関係、心理面、食事内容など多岐にわたって管理してくれる。例えばドラマの中では、イェソが生徒会長になれるよう、キム・ジュヨンが裏工作をしてライバルの生徒を立候補辞退に追い込んだ。

ドラマを見ていて、なぜボランティア活動や生徒会長といった受験勉強以外のことにそこまでエネルギーを注ぐのか、正直理解できなかった。それは、韓国の大学入試制度を理解できていなかったからだ。

韓国の大学入試は「定時」と「随時」に分かれていて、「定時」は従来の大学入試で、日本の共通テスト(旧センター試験)のような修学能力試験の比重が大きい。一方の「随時」は成績を含む高校生活全般の評価の比重が大きい。学力以外も評価しようという趣旨は分かるが、不透明な入試制度となり、優秀な入試コーディネーターが付けば合格できるような、おかしな結果を生んでいるようだ。要するに親の財力に左右されやすい制度になっているのだ。

日本でもＡＯ入試など学力だけでない入試の制度はある。ただ、私が驚いたのは、２０２０年度の韓国の大学入試で、「随時」が77・3％を占めたというのだ。もともと「定時」が通常のはずが、「随時」で入るのが圧倒的に多くなっている。入試コーディネーターに注目が集まるわけだ。

『ＳＫＹキャッスル』には主要な家族として4組の家族が登場するが、すべて親同士の呼び方が「誰々のオンマ（お母さん）」「誰々のアッパ（お父さん）」だ。例えばハン・ソジンは「イェソオンマ」と呼ばれる。これは実際にもそうで、結婚して子どもができると「誰々のオンマ」「誰々のアッパ」と呼ぶことが多い。ハン・ソジンは消えて、イェソのお母さんになるのだ。子どもにオールインするのも、分かる気がする。

ソジンの夫カン・ジュンサン（チョン・ジュノ）は大学病院の医師だ。さらにジュンサンの父、つまりイェソの祖父も医師だったらしい。イェソの祖母は3代にわたって医師の家系が続くことを望んでいる。ソジンもそれが自分の使命だと思い込んでいて、イェソもそういう祖母や母の望み通り医師になりたいと思っている。そこには医師になって患者を助けたい、という動機は欠落していて、視聴者としては出世欲の塊のイェソが医師になることの恐ろしさを感じる。

『SKYキャッスル』はその行き過ぎた競争がいかに受験生本人や家族、さらには社会をも不幸にするかという警鐘を鳴らしたドラマだった。

ちょうど『SKYキャッスル』の放送された2019年、曺国《チョ・グク》法相（当時）の家族に関する不正疑惑が次々に報じられたが、その一つは、息子や娘の入試に関する不正だった。「ドラマよりも現実の方がすごい」と言われたほどで、親の権力が子どもの入試に影響を与えていることが証明された。

韓国が教育熱心な国だというのは以前から知っていたが、行き過ぎた受験戦争となっているのを知ったのは、**シン・スウォン監督**の映画『**冥王星**』（2013）を見て、だった。ベルリン国際映画祭で特別言及賞を受賞した作品だ。シン監督とは個人的に親しく、この作品についても直接聞いたことがあるが、シン監督が高校生の母親として実際に見聞きしたことが土台になっているという。

映画は名門高校で成績トップの男子生徒（ソンジュン）が亡くなったところから始まるが、自殺か他殺か分からない。名門高校で何が起きたのか、過去と現在が行き来しながら大学受験を控えた高校生たちの異様な競争が明らかになってくる。

主人公の男子生徒ジュン（イ・ダウィ）の家は裕福ではないが、母はSKYの大学に入ってほしいと願っている。人気講師に教わろうと、1カ月の受講料のつもりで100万ウォンを持っていくが、講師は「入試相談料だけでも1回100万ウォンもらっている」と言い放ち、相手にもされなかった。

『SKYキャッスル』にも『冥王星』にも共通して出てくるのが、大峙洞《テチドン》だ。ソウルの富裕層が多く住む江南《カンナム》区の地名で、塾や予備校が集まっている。『SKYキャッスル』ではイェソの妹イェビン（イ・ジウォン）が大峙洞の塾に通っていた。『冥王星』では、ジュンの母親が100万ウォンを持って訪ねて行ったのが、大峙洞の人気講師だった。最高レベルの講師陣が大峙洞に集まっているとされ、実際に大峙洞かいわいの不動産価格が高騰しているのは、子どもの教育のために少しでも大峙洞の近くに住もうとするためだ。

教育の過熱っぷりはたびたびドラマの素材になっている。ドラマ『**ウ・ヨンウ弁護士は天才肌**』（2022）でも、塾に通う小学生たちが夜10時過ぎ、コンビニでおにぎりやカップラーメンの晩ごはんを食べる様子が出てきた。勉強に追われる小学生を遊ばせようと塾行きのバスを乗っ取った男性が訴えられ、主人公のウ・ヨンウ（パク・ウンビン）が弁護に当たった。

ドラマ『**イルタ・スキャンダル―恋は特訓コースで**』（2023）は、予備校のスター講師（チョン・ギョンホ）と、高校生の姪を母親代わりになって育てているナム・ヘンソン（**チョン・ドヨン**）が主人公だ。ヘンソンは姪がスター講師の授業をできるだけ前の席で聴けるよう、毎朝予備校前の列に並ぶ。母親たちが子どもの席取りのために朝から行列を作るほど、熱心なのだ。当初は母親たちの異様な熱心さに笑っていたが、だんだん、それが子どもたちの心身に悪影響を及ぼすほど深刻な問題となっていく。試験問題を不正に入手するなど、母親が「子どものため」と思い込んでやったことが、子どもを苦しめ、自殺に追い込むこともある。試験問題流出事件は、実際にも起こっている。『イルタ・スキャンダル』は、「それは本当に子どものためですか?」という問いを、親や教育関係者に投げかけたドラマだった。

韓国に暮らすと、教育と不動産の話題が日常会話のようによく飛び交う。新聞やテレビでも日本に比べると教育や不動産にまつわる報道が多い。それだけみんなの関心事なのだろう。

ちなみにシン監督はソウル大出身だが、「自分たちの受験の時は今ほど熾烈ではなかった」と話していた。映画監督になる前は中学校の教師も務めたので、教育の過熱っぷりに人一倍問題を感じているのだろう。

ジュンの叫びが耳に残る。「夢を持てって?」「努力すればいいって?」。若者が夢を持てない社会、努力が報われない社会を痛烈に批判した映画だった。

●ヨム・ジョンア(1972〜)⬇ミスコリア出身。歳を重ねながら新たな魅力を見せ続けている。ドラマ『SKYキャッスル』(2018〜19)で百想芸術大賞最優秀演技賞受賞。代表作に映画『明日へ』(2014)、映画『完璧な他人』(2018)など。

●シン・スウォン監督(1967〜)⬇教師を辞めて映画監督を目指すがなかなかデビューできない女性監督が主人公の自伝的映画『虹』(2010)で長編デビュー。『循環線』(2012)、『マドンナ』(2015)でカンヌ国際映画祭、『冥王星』(2013)でベルリン国際映画祭に招待されるなど国際的に高く評価されている。『オマージュ』(2022)では1960年代に活躍した実在の女性監督をオマージュしつつ、監督デビューから10年を経た自身の経験を重ね、韓国映画界で奮闘する女性監督を描いた。

●**チョン・ドヨン（1973〜）**⬇映画『接続 ザ・コンタクト』（1997）で注目を集め、映画『シークレット・サンシャイン』（2007）でカンヌ国際映画祭主演女優賞に輝いた。一時期出演が減っていたが、#MeToo運動を経て2019年以降、映画『君の誕生日』（2019）、ドラマ『人間失格』（2021）など再び主演作が続いている。代表作にドラマ『プラハの恋人』（2005）、映画『ユア・マイ・サンシャイン』（2005）など。

5 逆単身赴任？／母子は海外、父は韓国

韓国は日本以上に英語教育に熱心で、子どもの頃から英語圏の国で暮らして英語力を身につけるケースも多い。父は韓国で働いて、母子が海外暮らしという逆単身赴任の形になることもある。そういうお父さんのことを「キロギアッパ」と呼ぶ。キロギは渡り鳥の雁、アッパはお父さんの意味だ。海外へ生活費や授業料を送り、韓国で一人暮らしをしながら、年に1、2回家族に会う。韓国では結婚する夫婦につがいの雁の置物をプレゼントする。雁は一度夫婦になれば、生涯相手を変えないと言われており、雁の置物は夫婦の幸せを願う意味がある。

イ・ジュヨン監督の映画『**エターナル**』（2017）は、キロギアッパが主人公だった。証券会社の支店長カン・ジェフン（**イ・ビョンホン**）は、「とりあえず2年間」と言って、妻スジン（**コン・ヒョジン**）と息子をオーストラリアへ送り出した。息子の英語教育のためだ。スジンは気が進まなかったが、ジェフンは「英語ができる人とできない人では経済格差ができる」と、有無を言わさない勢いだった。

韓国では就職のときに英語力が求められることが多い。大学受験の競争も激しいが、大学に入ってからも、就職に向けてTOEICなどスペック競争が続く。2019年の韓国のTOE

『エターナル』
DVD・Blu-ray 発売中　販売：ポニー・キャニオン
©2017 WARNER BROS PICTURES, ALL RIGHTS RESERVED.

IC受験者の平均点数は678点で、日本の平均523点よりも150点以上高かった。

ポン・ジュノ監督の『**パラサイト 半地下の家族**』（2019）では、金持ちのパク社長の家に家庭教師に入った半地下の家族の長男ギウ（**チェ・ウシク**）が「ケビン」、長女ギジョン（**パク・ソダム**）が「ジェシカ」と呼ばれていた。日本では、「なんで英語の名前で呼ぶの？」と首をかしげる観客も多かったが、韓国の人は英語圏へ留学すると英語の名前を持つ場合が多い。現地の人が呼びやすいようにということだろう。ギウもギジョンも英語圏に留学はしていないが、した振りをしていた。韓国の富裕層は英語圏への留学が当たり前なのだ。

『エターナル』では、スジンはオーストラリア現地の男性と親密になり、「スー」と呼ばれていた。当初オーストラリア行きを渋ったスジンだったが、現地になじんで本格的な移住を考えるようになる。韓国にいた頃のスジンと、オーストラリアでのスジンの対比が印象的だった。韓国ではドアの施錠に神経質だったスジンが、オーストラリアではドアを開けっ放しにして平気で外出する。韓国では辞めていたヴァイオリンもオーストラリアで再開し、現地の交響楽団へ入ろうと試験を受ける。韓国では何かに追われるように生きていたのが、オーストラリアのゆったりした環境で、自分らしさを取り戻していったように見えた。

一方のキロギアッパ、ジェフンは、勤め先の証券会社の不良債権問題で窮地に追いやられ、心はオーストラリアの妻と子どもに向かう。それまでの約2年間は、家族を振り返る余裕もなかったようだ。オーストラリアに飛んで、伸び伸びと楽しそうな二人の姿を遠巻きに見守るうち、お金を稼ぐこと、英語力を身につけること、という自身が絶対的に重要と信じてきたものが揺さぶられる。ジェフンは家族と離れて一人あくせく働いた先に何を描いていたのだろう？

幸せとは何なのか、考えさせられる映画だった。

ドラマ『**キム課長とソ理事**』（2017）では、経理部のチュ・ナムホ部長（キム・ウォンヘ）がキロギアッパだった。妻と娘はカナダにいて、チュ部長は散らかった部屋で、寂しそうに一人暮らし。何かとお金がかかるらしく、さらにお金を送ってほしいという妻の電話に「学費や家賃、生活費だけでも大変なのに」とぼやいていた。大企業の部長なのに、毎月赤字だという。

少しでもお金を稼ぎたいチュ部長は、男性部下のキム課長（**ナムグン・ミン**）が賃貸の部屋を探しているのを知り、家で空いている部屋があるから50万ウォンで住まないかと提案する。キム課長は45万ウォンに値切ろうとするが、チュ部長も折れない。

少し話はそれるが、韓国では日本に比べて気軽に人の家に上がる。私もよく人の家に遊びに行くし、私の部屋に訪ねてくる人も少なくない。特に引っ越したばかりの時には「いつ引っ越しパーティーやるの？」とたびたび聞かれた。引っ越しパーティーを「チプトゥリ」と言い、映画やドラマにもよく登場する。「チプ」は家、トゥリは「入れる」の名詞形だ。最近はやらない人も多いと聞くが、私もあまりやりたくなくてごまかしていたら、しつこくいつやるのか聞いてくる人もいた。

日本の感覚では、部長の家の部屋が空いているからって、課長がその部屋に住むのはあり得ないのではなかろうか？　それも二人はその時点で親しい間柄ではなかった。チュ部長とキム課長が値段交渉をしているのを見て、「そういう問題？」とびっくりした。とてもじゃないけど、上司の家に住むなんて、私は嫌だ。

このドラマ、主人公のキム課長は特殊な能力とひょうきんなキャラクターで突き抜けているが、チュ部長はサラリーマンの現実的な悲哀が見える役だった。入社同期の部長が窓際族に追いやられるのを横目に「他人事とは思えない」と、つぶやく。韓国では大企業の部長級が退職を迫られることも珍しくない。

結局手ごろな値段の部屋が見つからないキム課長は、チュ部長の家で暮らすことになる。初めてチュ部長の家に入ったキム課長はその広さに驚くが、チュ部長は「部屋一つとトイレ一つはまだ銀行の物だ。完済する頃には還暦だ」と言う。ローン返済も抱え、妻子の海外暮らしの費用を賄うキロギアッパが早期退職となると、どうなるのだろう？

私の周りを見ても、経済的に余裕がある人だけがキロギアッパをやっているわけでもない。借金をしながらでも子どもを海外留学に行かせる。果たして英語力が本当にそこまで投資する価値のあるものなのだろうか？　チュ部長の寂しそうな姿に、疑問が膨らんだ。

●イ・ビョンホン（**１９７０〜**）⬇『オールイン　運命の愛』（２００３）、『美しき日々』（２００１）などのドラマで日本で第１次韓流ブームの頃から人気を集めたが、韓国では演技力で高く評価されている。映画を中心に活躍しているが、『ＩＲＩＳ―アイリス』（２００９）、『ミスター・サンシャイン』（２０１８）などたまに出るドラマもヒットを飛ばすことが多い。代表作に映画『王になった男』（２０１２）、『ＫＣＩＡ　南山の部長たち』（２０２０）など。ハリウッドでも活躍している。

●コン・ヒョジン⬇１-５

●ポン・ジュノ監督⬇１-２

●チェ・ウシク（**１９９０〜**）⬇韓国生まれ、カナダ育ち。『新感染　ファイナル・エクスプレス』（２０１６）、『The Witch／魔女』（２０１８）などの映画出演で少しずつ知名度を上げ、『パラサイト　半地下の家族』（２０１９）で注目を浴びた。代表作に映画『巨人』（２０１４）、ドラマ『その年、私たちは』（２０２１〜２２）など。

●パク・ソダム（**１９９１〜**）⬇２０１５年に韓国で公開された映画『ベテラン』、『王の運命　歴史を変えた八日間』、『黒い司祭たち』と、立て続けにヒット作に出演し、注目を浴びる。代表作にドラマ『青春の記録』（２０２０）、映画『パラサイト　半地下の家族』（２０１９）など。

●ナムグン・ミン（**１９７８〜**）⬇２００１年、映画『バンジージャンプする』でデビューしたが、主演級で注目を浴びるまで長くかかった。ドラマ『キム課長とソ理事』（２０１７）のヒットでスター俳優となり、ドラマを中心に活躍を続ける。代表作にドラマ『ストーブリーグ』（２０１９〜２０）など。

6 認知症に向き合い始めた韓国／少子高齢化の波

日本に比べると、韓国では認知症に関するニュースが少なく、話題に上ることもあまりない。私が何ともなしに「うちのおばあちゃんはアルツハイマー病」という話をしたら「そういう話はあまりしない方がいい」と言われ、韓国ではまだまだタブーなんだと感じた。

報道によれば、韓国の認知症患者数は70万人を超え、２０３０年には１２７万人、２０５０年には２７０万人に増える見込みだという。日本は２０２０年の時点で６００万人を超えているので、韓国はまだみんなが身近に感じるほどではないのも事実だ。とは言え、ものすごい勢いで出生率が低下し、少子高齢化は韓国でも進んでいる。日本のように認知症が社会で共有せざるを得ないようになる時期はすぐに来るだろう。

ドラマや映画にも少しずつ認知症の話が出てくるようになってきたが、以前からなかったわけではない。**イ・チャンドン監督**の『**ポエトリー アグネスの詩**』（２０１０）は、主人公のおばあさん、ミジャ（ユン・ジョンヒ）がアルツハイマー病を患っていた。初期なので症状は深刻ではなかったものの、映画の中の重要なシーンでその症状が出てくる。この映画、カンヌ国際映画祭で脚本賞を受賞したが、興行的には振るわなかった。おばあさんが主人公なうえに、アルツハイマーに対する世間の関心も低かったのかもしれないが、私には深い余韻が残った。

ミジャは男子中学生の孫ジョンウク（イ・ダウィ）と二人暮らし。ある日、ジョンウクの学校の女子生徒が自殺し、その原因にジョンウクを含む複数の男子生徒が関わっていたことを知る。男子生徒の保護者たちは示談を進めようとするが、自殺した女子生徒の母は応じない。ミジャは保護者を代表して、女子生徒の母を説得するため訪ねていく。この時、訪ねて行く途中の道で、なぜ訪ねるのかを忘れてしまうのだ。ミジャは詩の教室に通っていて、詩作がいつも頭から離れない。道すがら詩の題材を見つけ、メモするうちに、肝心の目的を忘れてしまった。女子生徒の母に会っても、明るく、近くで拾ったアンズの話をして、別れてしまう。別れて数歩歩いてやっと思い出したが、時すでに遅し。明るくアンズの話をした後に、自分が女子生徒を死に追いやった男子生徒の祖母だとは、とても言い出せない。他の保護者たちには「会えなかった」と、嘘をついた。

他の保護者はどうしたら息子のしたことが世間に知られずに済むかしか考えない中で、ミジャだけが女子生徒の死、そして孫のジョンウクがしたことに心を痛めている。そのミジャが、女子生徒の母を目の前にしてそのことを忘れていた。ミジャの心の葛藤は、映画の最後に詩として昇華される。

主演のユン・ジョンヒはかつてトップの人気を誇ったが、『ポエトリー』が十数年ぶりのスクリーン復帰で話題になった。近年再び話題になったのは、２０１９年、ユン・ジョンヒが実際にもアルツハイマー病を患っていることを家族が打ち明けたためだ。「10年ほど前から」と報じられたが、まさに『ポエトリー』撮影の頃だ。イ・チャンドン監督はユン・ジョンヒの出演を想定してシナリオを書いたとされる。ミジャは、ユン・ジョンヒの本名でもある。撮影時にはイ監督も症状に気付いていたのかもしれない。ユン・ジョンヒは『ポエトリー』公開時には90歳まで演じたいと話していたが、その後の出演作がないまま2023年に亡くなったのは、この映画の余韻のように悲しい。

認知症のおばあさんの頭の中を描き、多くの視聴者の感動を呼び起こしたのは、ドラマ『**まぶしくて―私たちの輝く時間**』（2019）だ。『ポエトリー』のユン・ジョンヒも良かったが、『まぶしくて』主演の**キム・ヘジャ**も、この上ない名演だった。役名もキム・ヘジャだった。現実と昔の思い出がごちゃ混ぜになって展開するため、視聴者はファンタジーを見ているのかと錯覚する。ドラマ終盤でヘジャの本当の過去が明かされると、それまでのヘジャの執着や喜怒哀楽の理由が見えてくる。大好きだった人との幸せだった瞬間、そして悲しい別れ。認知症の本人を疑似体験するようなドラマだった。

認知症でいろんなことを忘れてしまっても、雪が積もると足の不自由な息子のために雪かきをするヘジャの姿に涙が止まらなかった。息子を見ても息子と分からない状態でも、息子が転ばないようにという強い気持ちだけは忘れないのだ。認知症のヘジャの言動に、初めて息子は母の深い愛情を知る。

私の祖母がアルツハイマー病と診断されてすぐの頃、祖母は祖父が会社から帰宅しないと言って、騒ぐようになった。祖父はずっと前に亡くなっていた。祖母は私にはいつも「おじいちゃん」と言っていたのに、その頃から「文雄さん」と名前で言うようになった。きっと若かった頃に記憶が戻っていたのだろう。認知症は、ただ忘れるだけではなく、頭の中が時間旅行をするものなんだと知った。

ヘジャの最後の言葉が忘れられない。「人生は単なる夢にすぎないと言うけれど、それでも生きられてよかったです。どの日もまぶしく輝いていました。今日を生きてください。まぶしいほどに」

認知症は決してタブーにするようなことではない、と、このドラマに教わった人も多かったのではなかろうか。人生は儚い。いつかは忘れるかもしれない。だけどもせっかく生まれたんだから、存分に楽しみたい。

ドラマ『**ナビレラ―それでも蝶は舞う**』（２０２１）は、年老いてバレエを習い始めるおじいさん、ドクチュル（パク・イナン）が主人公だった。ドクチュルは郵便配達員として一生懸命働いてきたが、アルツハイマー病と診断され、最後の挑戦と思ってバレエ教室を訪ねる。若い男性チェロク（ソン・ガン）がドクチュルの先生となり、バレエを通して歳の差を超えた友情が育まれていく。急にバレエを習いだしたドクチュルを家族は理解できず、反対するが、アルツハイマー病という事実を知って応援するようになる。老いていかに生きるかというのは、ア認知症に限らず誰もに通じるテーマでもある。

日本を追うように少子高齢化が進む韓国でも、認知症を含む「老い」にまつわる作品は今後さらに増えていきそうだ。

●イ・チャンドン監督⬇1-6

●キム・ヘジャ（**1941〜**）⬇1961年にデビューし、80代の現在も現役で活躍している。歴代最長寿ドラマ『田園日記』（1980〜2002）に出演したのをきっかけに「国民の母」と呼ばれ、尊敬を集める。代表作に映画『母なる証明』（2009）、ドラマ『まぶしくて―私たちの輝く時間』（2019）など。ドラマ『私たちのブルース』（2022）ではイ・ビョンホンと親子を演じ、話題を集めた。

第3章

#MeToo運動を経て

オ・ダルスショックから女性監督、女性主演へ

韓国の映画・ドラマで近年最も目立った変化は女性の描き方だ。２０１８年に広まった#MeToo運動の影響が大きい。女性検事が検察幹部によるセクハラを訴えたことがきっかけとなり、性被害を告発する#MeToo運動が一気に広まった。政界では次期大統領候補とも言われた安熙正《アンヒ・ジョン》忠清南道知事、文学界ではノーベル賞候補とされた高銀《コ・ウン》詩人ら、次々に大物が告発されるなか、映画界もまた激震地となった。

「鬼才」と呼ばれ、世界的にも知られた**キム・ギドク監督**（２０２０年、コロナで死亡）、主演級の俳優ではチョ・ジェヒョンが告発され、俳優チョ・ミンギは警察での取り調べを前に自ら命を絶った。だが、最も映画界に大きな影響を与えたのは、名脇役の**オ・ダルス**だった。『**国際市場で逢いましょう**』『**弁護人**』『**ベテラン**』などオ・ダルスが出演した映画8本が観客数１０００万人以上の記録を持っており、「オ・ダルスが出ればヒットする」と言われたほどだ。

人気の脇役ゆえ、主演級俳優に比べて出演作品が多く、告発された時点で撮影は終わっているが公開前という映画が複数あった。それらの作品は公開できないままになったり、オ・ダルスの出演部分を他の俳優で撮り直すなど、映画会社は甚大な被害を被った。「オ・ダルスショ

ック」とも呼ばれた。

予算規模の大きな映画では、『**神と共に　第二章／因と縁**』（2018）が、すでに撮り終えていたが公開前だった。オ・ダルスが告発を受けながら、まだ本人が認めていない段階で、『神と共に』を製作した映画会社代表と食事の機会があった。オ・ダルスが認めたら再撮影をせざるを得ないが、大がかりなセットを組んでの撮影だったため、相当な追加予算がかかると言って頭を抱えていた。その数日後にオ・ダルスが謝罪し、再撮影を経て公開された。代表は「誰が告発されるか分からず、怖くて男性は起用しにくい」と、こぼしていた。

#MeTooで告発されるのは男性に限らないが、圧倒的に男性が多いのは事実だ。#MeTooから1、2年経て、女性監督や女性主演の映画が目立って増えてきたのは、そういう事情もあるのだろう。

ところで、韓国ドラマは脚本家が女性が多いこともあり、もともと女性主演のドラマは多かった。映画が#MeToo以前は男性監督、男性主演が圧倒的に多かったのとは少し事情が違う。ドラマに関しては女性キャラクターが変化した、というのがポイントだろう。日本では『**愛の不時着**』（2020）が大ヒットした際、その理由の一つに「自立した女性像」が共感を呼んだという評価があった。主人公のユン・セリ（**ソン・イェジン**）をはじめ、ドラマに出てくる女性たちがそれぞれ自立した女性像だというのだ。確かに、セリは財閥令嬢ながら自力でファッション・美容のビジネスを成功させ、北朝鮮に不時着した後も様々な困難にたくましく立ち向かっていく。ただ、『愛の不時着』に関して韓国内で女性の自立に言及する評価は聞いたことがない。近年の韓国ドラマではそのくらいは当たり前になっているからだ。

例えば2020年の大ヒットドラマ『**夫婦の世界**』（2020）の主人公チ・ソヌ（**キム・ヒエ**）は女性医師で、仕事でうだつが上がらない映画監督の夫イ・テオ（パク・ヘジュン）に代わって一家の大黒柱となっている。

私が近年特に女性の存在感を感じるのは、韓国の新聞紙面を見て、だ。韓国の新聞はコラムが多く、コラムに付く筆者の顔写真を見ると女性が非常に多い。韓国では影響力のある立場にどんどん女性が増えているのを肌で感じる。

変化を確認しようと、#MeToo以前のドラマを改めて見直してみた。日本でもリメイクされた2014年のヒットドラマ『**ミセン—未生**』（日本版は2016年放送の『HOPE—期待ゼロの新入社員』）では、主人公の同僚として登場するアン・ヨンイ（カン・ソラ）は実力はあるが、男性中心の会社のなかでパワハラ、セクハラに耐えながら働いている。男性上司の言動を見れば、#MeToo以降であれば懲戒処分のレベルだ。「こんな会社、さすがにもうないだろう」と思うが、それがつい数年前なのだ。リアルタイムで見ていた頃は「さもありなん」と思っていたのに、隔世の感がある。

一方、韓国映画界は、はっきり言って#MeToo以前は男性中心の世界だった。特に予算規模の大きな商業映画は男性監督、男性主演が圧倒的に多かった。例えば#MeTooの広まる前年の2017年、韓国での観客数10位以内の韓国映画を見てみよう。『**タクシー運転手　約束は海を越えて**』『**神と共に　第一章／罪と罰**』『**コンフィデンシャル／共助**』など10本すべて男性監督、男性主演の映画だった。複数主演でも全員男性だった。一方、#MeTooを経た2019年は、観客数10位以内の3本が女性監督の作品だ。このうち『**82年生まれ、キム・ジヨン**』と『**最も普通の恋愛**』は主演も女性だったほか、1位の『**エクストリーム・ジョブ**』に**イ・ハニ**が、3位の『**EXIT イグジット**』に**ユナ**が主演の一人として入るなど、監督も俳優も女性の活躍が増えているのが分かる。

2020年はコロナ禍で観客数が激減した年だが、その中でもヒット作の一つ『**サムジンカンパニー1995**』は、90年代の高卒女性社員を主人公にし、実務能力は高くても出世できない高卒女性社員が一丸となって大企業の不祥事を暴いていくという女性パワー全開の作品だった。間違いなく#MeTooがあったからこそ出てきた映画だ。

前述の通り、2019年は女性監督の活躍が商業映画で目立ってきた年だったが、例えばセウォル号事故の遺族を描いた『**君の誕生日**』は、女性のイ・ジョンオン監督による作品で、**ソル・ギョング**、**チョン・ドヨン**が主演した。監督が実際にセウォル号事故で亡くなった高校生の誕生日会を企画するボランティアに参加していたことが映画作りの出発点だ。遺族と過ごした時間があったからこそ、ディテールまで説得力がありながら、監督の温かい視線を感じる作品に仕上がった。

高校生の母を演じたチョン・ドヨンは、**イ・チャンドン監督**の『**シークレット・サンシャイン**』で2007年にカンヌ国際映画祭主演女優賞を受賞し、世界的にも認められた俳優だが、#MeToo以前の2017年、「出演したいのに作品が来ない」と嘆いているのを聞いた。女性主演の商業映画が非常に少なく、チョン・ドヨンともなれば脇役のオファーは難しいからだ。チョン・ドヨン主演映画が再び出てきたこと自体が、映画ファンとしてはうれしい。映画に限っていえば、あまりにも男性中心に偏っていたので、#MeTooを通してアンバランスが是正されつつある、という段階だ。映画の多様化という意味で、ますますおもしろくなってきたと思っている。

この章では#MeTooを経て映画やドラマがいかに変わってきたのか、実際に女性を取り巻く環境はどう変わり、何が課題なのか、探ってみたい。

●**キム・ギドク監督**（**1960〜2020**）⬇韓国の監督としては唯一、世界3大映画祭（カンヌ、ベネチア、ベルリン）で本賞を受賞し、海外で高く評価されたが、2018年に韓国で広がった#MeToo運動により、出演女優らに対する数々の性的暴行が明るみに出た。2020年、ラトビアで新型コロナウイルス感染症にかかり、死亡した。代表作に『サマリア』（2004）、『嘆きのピエタ』（2012）など。

●**オ・ダルス**（**1968〜**）⬇脇役としてはトップクラスの人気を誇り、数々の大ヒット作に出演しているが、2018年に#MeToo運動が広がった際、1990年代、演劇俳優だった頃の後輩から当時の性被害の告発を受け、謝罪した。代表作に『弁護人』（2013）、『国際市場で逢いましょう』（2014）など。

●**ソン・イェジン**⬇1-1　●**キム・ヒエ**⬇2-3

●**イ・ハニ（1983〜）**⬇著名な伽耶琴《カヤグム》奏者の娘で、自身も伝統楽器や舞踊を特技とする。ミスコリア出身。映画『エクストリーム・ジョブ』（2019）、ドラマ『熱血司祭』（2019）などコメディーでヒット作が続き、特に主演ドラマ『ワン・ザ・ウーマン』（2021）は高視聴率を記録した。

●**ユナ（1990〜）**⬇アイドルグループ「少女時代」メンバー。2007年からドラマを中心に俳優としても活動を始め、映画でも『EXIT イグジット』（2019）、『手紙と線路と小さな奇跡』（2021）など主演が続く。

●**ソル・ギョング（1967〜）**⬇映画『ペパーミント・キャンディー』（2000）で脚光を浴び、青龍映画賞主演男優賞受賞。韓国映画界の中心で活躍を続ける。日韓合作映画『力道山』（2004）では力道山を演じた。カンヌ国際映画祭でも好評を得た『名もなき野良犬の輪舞』（2017）で若いファンを獲得し、第二の全盛期を迎えた。代表作に映画『オアシス』（2002）、『シルミド』（2003）など。

●**チョン・ドヨン**⬇2-4

●**イ・チャンドン監督**⬇1-6

1 #MeToo運動の最中に放送／セクハラに反旗翻す主人公

2018年1月から韓国内で#MeToo運動が広まり、この年の上半期は各界でセクハラや性暴力の告発が相次いだ。そんな最中の2018年3～5月に放送され、話題になったドラマが『**よくおごってくれる綺麗なお姉さん**』だ。話題になった一つは、主人公ユン・ジナ（**ソン・イェジン**）の年下の彼、ソ・ジュニ役を演じた**チョン・ヘイン**の人気に火がついたことだ。

通常、放送開始前に記者会見が開かれるが、放送中にも会見が開かれたのは、チョン・ヘインの人気っぷりによるものだった。私もこの会見には出席したが、会場前に大勢のチョン・ヘインファンが押し寄せるのを目撃し、圧倒的な人気を実感した。

個人的には、チョン・ヘイン人気を作ったのは、ジナ役のソン・イェジンの演技力によるところが大きいと思っている。もちろん、爽やかな好青年チョン・ヘインの魅力があってこそだが、ソン・イェジンとの相性がぴったりで、視聴者としては二人の恋にメロメロになるドラマだった。「本当に付き合っているのでは？」という噂もあったが、これについては会見で否定した。それだけお似合いのカップルに見えたのだが、『**愛の不時着**』の主演コンビ、ソン・イェジンとヒョンビンが結婚した今となっては懐かしい話だ。

ドラマの前半は、年下の彼との甘い恋物語と思って見ていたが、後半はジナの会社でのセクハラ問題や、ジナの結婚をめぐる両親との葛藤など、リアルに韓国社会で盛り上がっている #MeToo と重なる内容で、あまりにもタイムリーなのに驚いた。ファンタジーのようなロマンスに酔っている間に現実感たっぷりの世界に引き戻された。

ジナが経験するセクハラは、韓国では #MeToo 以前は多くの女性が経験していた内容だ。韓国は日本に比べてスキンシップが多く、同性の友達同士で手をつないだり、腕を組んで歩くことは珍しくない。男性上司の女性部下に対するスキンシップも多かった。例えばカラオケでデュエットしながら腰に手を回す、という類。宴会の席で男性上司の隣に若手女性社員を座らせ、お酒をつがせたり、肉を焼かせたり、というのも、不快に思いながら我慢する人が多かったと思う。これは日本も似たようなものだろう。

ジナは当初は上司のスキンシップを軽く受け入れていたが、ジュニと付き合うようになり、自分をもっと大切にしようと思うようになって勇気を出して被害を告発する。

実際の #MeToo でもそういうケースが大半だろうが、ジナは上司のセクハラに反旗を翻すが、結果としてはある意味「敗北」する。上司からは「法的に訴えたら再就職もできなくなる」と言われる。告発しても、被害者の方が不利益を被るというのが、#MeToo が広まるまで多くの被害者が黙って耐えていた理由だ。カタルシスが感じられる終わり方ではなかったが、「そうは簡単にはいかない」という現実的な描き方にむしろ本気度が感じられた。

放送途中に開かれた記者会見で、ソン・イェジンは「30代後半の女性として両親との関係、恋愛、仕事など今感じているようなことが台本から感じられた」と話していた。同世代の私も大いに共感するドラマだった。

韓国ドラマは視聴者の声に敏感で、#MeToo 以降は特に「女性を侮蔑している」などの批判を浴びないよう、注意してドラマ作りをしているように見える。

女性が被害者の場合だけではない。ドラマ『**サイコだけど大丈夫**』（2020）では、精神科病棟の男性保護士ムン・ガンテ（**キム・スヒョン**）が更衣室で着替えている時、女性童話作家のコ・ムニョン（**ソ・イェジ**）が勝手に入ってきて、ガンテの筋肉ムキムキの上半身を見るなり「ワオ」と感嘆の声を上げながら触ろうとする。この他にも男女逆なら絶対にアウトな卑猥な発言をムニョンがガンテに対して繰り返し、視聴者から「セクハラだ」という批判の声が上がった。ムニョンの風変わりなキャラクター設定や、ガンテとムニョンの間に上下関係がないことを考えれば、そこまで深刻には感じなかったが、放送通信審議委員会に告発する視聴者も複数いた。セクハラや性暴力などを正当化するような内容の放送は禁じられているため、同委員会は告発に基づいて処分を検討し、「注意」を勧告した。

作品の内容だけでなく、撮影現場でのセクハラ防止も制度化されてきた。例えば映画界では、撮影前にセクハラ・性暴力予防教育が行われるようになった。ＫＯＦＩＣ（韓国映画振興委員会）によると、講師が現場を訪れて予防教育を行い、教育費用はＫＯＦＩＣが助成しているという。２０１７年からＫＯＦＩＣが助成するすべての映画の撮影前に、制作に携わる全員がセクハラ・性暴力予防教育を受講することとし、制作期間中に性犯罪予防のための管理・監督の努力をするという誓約書を提出させている。

#MeToo が本格的に広まる２０１８年の前年、映画界では**キム・ギドク監督**をはじめ、複数のセクハラや性暴力の問題が指摘され始めていた。#MeToo 以降も問題がなくなったわけではないが、被害を訴えやすい状況は整ってきている。映画界のみならず、一般企業もしかり、だ。『よくおごってくれる綺麗なお姉さん』のジナも、あと2、3年後に告発していれば、いい形で仕事を続けられたかもしれない。

被害を訴えやすくなった一方、ドラマに出てくるセクハラは、訴えて認められるか微妙なレベルのものになってきた。『**愛と、利と**』（２０２２〜２３）は銀行に勤める4人の男女の社内恋愛を描いたドラマだったが、サービス職（契約職）のスヨン（ムン・ガヨン）は、銀行の支店長から激励の言葉と共に手を握られたり、顧客接待に同席させられたり、もやもやしながらがまんしていた。挙句、顧客接待を拒むと、倉庫の整理を命じられる。スヨンは一般職への転換を目指していて、支店長はそういうスヨンの立場を利用したようだった。実際に、一発アウトのセクハラでなくとも、不快に思っている人は少なくないだろう。ドラマや映画でそれを描くことも、変化を促す力になっている。

●ソン・イェジン➡1‐1

●チョン・ヘイン（1988〜）➡ドラマ『トッケビ―君がくれた愛しい日々』（2016〜17）、『刑務所のルールブック』（2017〜18）などで少しずつ知名度を上げ、ドラマ『よくおごってくれる綺麗なお姉さん』（2018）で一気にスター俳優となった。代表作にNetflixシリーズ『D.P.―脱走兵追跡官』（2021）、映画『ユ・ヨルの音楽アルバム』（2019）など。

●キム・スヒョン➡1‐0　**●ソ・イェジ➡**1‐0　**●キム・ギドク監督➡**3‐0

2 料理する男性、法を司る女性

近年の韓国ドラマを見ていると、男性と女性の役割についても以前とは確実に変わってきた。例えば男性主人公が料理をするシーンが増えている。

ドラマ『**愛の不時着**』（2020）では、ジョンヒョク（**ヒョンビン**）がセリ（**ソン・イェジン**）に料理を作ってあげる。北朝鮮の麺料理を粉をこねて麺を作るところから、コーヒーを豆を煎るところから、手作り感たっぷりで見せた。演出のイ・ジョンヒョ氏にインタビューしたことがあるが、製麺機は実際に北朝鮮で使っているものを中国で買って来たと言っていた。なんでもデジタル化された現代において、北朝鮮のアナログな生活は、実際に住んでいる人には不便かもしれないが、ドラマの視聴者にはスローライフのような魅力すら感じられた。

ドラマ『**青春の記録**』（2020）ではヘジュン（**パク・ボゴム**）が、彼女のジョンハ（**パク・ソダム**）の家でキムチチゲとサムギョプサルを準備してジョンハの帰りを待っている。ジョンハが帰ってくると、エプロンをしたヘジュンが「手を洗ってきて。ご飯食べよう」と言う。感動したジョンハがヘジュンを後ろから抱きしめる。一昔前なら、新婚カップルの男女逆バージョンが定番だった。

韓国ではドラマが放送されると、視聴者のレビューがYouTubeやブログなどでたくさんアップされるが、たいてい男性主人公の料理場面は「シムクン」シーンとして取り上げられる。シムクンというのは、「心臓《シムジャン》クンクァン」の略で、ドキドキする、ときめく、という意味だ。バラエティー番組でも、男優たちが料理する番組が人気だ。

実際に男性が家で家事をするようになったのかと言えば、それは別の話。昔よりは台所に立つ男性が増えているとはいえ、男女の家事分担に関しては、依然として女性の負担が重いのが現実だ。『聯合ニュース』（2020年7月30日）によると、平日、男性の家事労働時間は48分、女性は3時間10分と男性の4倍だった。料理をするかっこいい男性は女性たちの理想をドラマで表現したものと言えそうだ。

一方、法を司る役、裁判官、検事、弁護士の役に女性が増えている。これは実社会で増えていることとも関係している。

例えばドラマ『**無法弁護士―最高のパートナー**』（2018）では、主人公のポン・サンピル弁護士（**イ・ジュンギ**）

をのぞく主要登場人物の裁判官、検事、弁護士がすべて女性だった。特にヒロインのハ・ジェイ弁護士（**ソ・イェジ**）は、冤罪で捕まったポン弁護士の無罪を証明して助け出す。法を司る女性というのは、闘う女性の象徴だ。一方的に男性が女性を守るという関係は、もはや韓国の視聴者には受けないのだろう。『愛の不時着』でも、基本的にはスーパーヒーローのジョンヒョクがセリを助けるが、セリが命懸けでジョンヒョクを守る場面もあった。

ポン弁護士の母も人権派弁護士で、かつてハ弁護士の母を守るために奮闘していた。ハ弁護士の母は失踪し、ポン弁護士の母は幼いポンの目の前で殺害された。二人の母が巻き込まれた事件の復讐を果たすため、ポン弁護士とハ弁護士が手を組んで巨大な敵と闘うというストーリーだった。ちなみに巨大な敵のトップに君臨するのは女性裁判官だ。

ドラマ『**ハイエナ─弁護士たちの生存ゲーム**』（２０２０）も、男女二人の弁護士が主人公。当初は敵対していたが、共に闘うパートナーとなっていく。とにかく女性弁護士のチョン・クムジャ（**キム・ヘス**）のハイエナっぷりがすごい。狙った獲物は逃さない。手段を選ばず裁判で勝ち、のし上がっていく姿も、セクシーの代名詞のようなキム・ヘスがショートカットのジャージ姿でなりふり構わないのも、見ていて痛快だった。

一方、男性主人公のユン・ヒジェ（**チュ・ジフン**）は法曹一家のエリート弁護士で、チョン・クムジャの強引なやり方に当初は面食らうが、負けじと食らいつく。主人公二人が「正義の味方」でなく、弱肉強食の競争を繰り広げるのも新鮮だった。

実際にも女性弁護士は増えている。『京郷新聞《キョンヒャン》』（2019年8月13日）の記事によると、2018年の新規弁護士登録者のうち女性の割合は41・1％で、2009年の27・7％から大幅に増えた。ただ、大手弁護士事務所所属となると女性の割合は一気に減り、業界内での男女格差は依然としてあると、指摘されている。現実はすぐには変わらないだろうが、新規登録の4割を占める女性弁護士たちが徐々に現実を変えていくだろう。

ドラマ『**検事ラプソディ──僕と彼女の愛すべき日々**』（2019〜20）は、男女二人の検事が主人公だった。韓国の原題は『検事内伝《ネジョン》』で、邦題から想像するような甘い内容ではない。というのも、原作は元検事が書いたエッセイで、リアルな検事の日常が描かれている。韓国ではたくさんのリーガルドラマが放送されているが、私が近年最も共感しながら見たリーガルドラマは『検事内伝』と『**ウ・ヨンウ弁護士は天才肌**』（2022）だった。大ヒット映画『検事外伝』（邦題は『華麗なるリベンジ』）をもじったタイトルだろう。

ドラマの舞台はジニョンという架空の地方都市の検察。男性検事イ・ソヌン（**イ・ソンギュン**）は、正義感はあるが空回りすることが多く、うだつの上がらない検事だ。一方でソウルから赴任してきた女性検事チャ・ミョンジュ（**チョン・リョウォン**）はエリートで勘も良く、さくさく仕事をこなす。仕事の効率は悪いが情があるイ検事は、冷静沈着で愛想ゼロのチャ検事が気に食わない。二人は事件の取り合いをしたり、捜査の方針をめぐって批判し合ったり、毎日のように口論する。それゆえ、『検事内伝』なのだ。同じ発音で『検事内戦《ネジョン》』とも読める。

近年のリーガルドラマでは主人公が男女対等なパートナーとして登場したり、女性が男性を助けたり、女性の方が優秀だったり。実際、韓国で#MeToo運動が広まったのも、女性検事の告発がきっかけだった。法曹界での女性の活躍は、男女平等実現にも重要な要素だ。

●**ヒョンビン**⬇1-1　●**ソン・イェジン**⬇1-1

●**パク・ボゴム**（**1993～**）⬇ドラマ『恋のスケッチ―応答せよ1998』（2015）で注目を浴び、海外でも人気を集める。代表作にドラマ『雲が描いた月明かり』（2016）、『青春の記録』（2020）など。

●**パク・ソダム**⬇2-5

●**イ・ジュンギ**（**1982～**）⬇大ヒット映画『王の男』（2005）でシンドローム的な人気となり、百想芸術大賞新人演技賞をはじめ多数受賞。近年は主にドラマで活躍を続ける。代表作にドラマ『麗―花萌ゆる8人の皇子たち』（2016）など。

●**ソ・イェジ**⬇1-0

●**キム・ヘス**（**1970～**）⬇1980年代後半からハイティーンスターとして人気を集め、映画『初恋』（1993）で青龍映画賞主演女優賞を最年少で受賞した。セクシーで豪快なキャラクターからコミカルな演技、凄みのある演技など幅広くドラマ、映画の主演で活躍を続け、ヒット作も多い。代表作にドラマ『オフィスの女王』（2013）、映画『コインロッカーの女』（2015）など。

●**チュ・ジフン**（**1982～**）⬇モデルとして活動をはじめ、ドラマ『宮―Love in Palace』（2006）でツンデレ皇太子を演じ、人気を集めた。2017～18年、映画『神と共に』シリーズ、『暗数殺人』、『工作 黒金星と呼ばれた男』などヒット作が続き、Netflixシリーズ『キングダム』（2019）で世界的にも知名度が上がる。

●**イ・ソンギュン**⬇1-6　●**チョン・リョウォン**⬇1-2

3 すべての家にお父さんがいるわけじゃない

ドラマ『**椿の花咲く頃**』(2019)はロコ(ロマンティックコメディー)なのにサスペンスという、ちょっと変わったジャンルミックスで大ヒットした。主人公はシングルマザーのドンベク(**コン・ヒョジン**)。「ドンベク」は韓国語で「椿」の意味で、周囲の偏見に縮こまっていたドンベクが、ヨンシク(**カン・ハヌル**)に出会い、勇気づけられ、咲いていく様子が描かれた。ドンベクに一目惚れしたヨンシクは、ドンベクの過去も含めてまるごと肯定してくれる存在だ。

シングルマザーなのはドンベクだけでない。主要なキャラクターの中では、ドンベクの母(**イ・ジョンウン**)も、ヨンシクの母(**コ・ドゥシム**)もシングルマザーだ。シングルマザーのドラマと言ってもいいほどだ。

ドンベクは幼くして孤児となった。母が経済的な苦しさからドンベクを手放してしまったのだ。孤児のドンベクは友達もできず、寂しさを抱えて生きてきたが、未婚の母となって息子ピルグを育てることに生きがいを見出す。海辺の街、オンサンで「カメリア」というスナックを営み、女手一つでピルグを育てているが、「夫がいない」「スナックを営んでいる」という二つ

の理由で周囲の偏見の目にさらされている。

そんなドンベクの心強い味方が、ヨンシクの母だった。ヨンシクの母もまた夫に先立たれ、飲食店を切り盛りしながら3人の息子を育て上げた。近所のおばちゃんたちにいじめられるドンベクを、ヨンシクの母だけはかばってくれた。ピルグも孫のようにかわいがっていた。

ところが、ヨンシクがドンベクに思いを寄せていることを知ると、一気に態度が変わる。同じ女性としては未婚の母のドンベクを理解できても、息子の嫁にはしたくないのだ。ヨンシクに「子持ちはダメだ」と言う。息子が他の男性の子を育てることが受け入れられないようだ。

ドンベクが未婚の母となったのも、相手の母に嫌われたのが理由だった。付き合っていた恋人の母に呼び出され、「あなたが嫌いなの」とはっきり言われた。なぜ嫌いなのかは言わなかったが、おそらく孤児だった過去のためだと推測される描き方だった。ドンベクはショックを受け、恋人に妊娠している事実を告げずに別れた。

一方、ピルグも母が未婚でスナックを営んでいるという理由で友達にからかわれる。それをたまたま目撃したヨンシクは友達を懲らしめる。ヨンシクは正義感の塊のような警察官なのだ。自身も父がいない家庭で育ったというのもあっただろう。ピルグに「すべての家にお父さんがいるわけじゃないぞ」と言う。

ピルグはお父さんがいなくても、ドンベクの愛をたっぷり受けて育ち、委縮してはいない。『椿の花咲く頃』はシングルマザーへの偏見を愛の力で乗り越えるドラマだったが、近年の韓国の映画やドラマには多様な家族像が登場するようになってきた。

映画**『父親叫喚』**（2020）は3人の父親が登場する。主人公トイル（クリスタル）が幼い頃両親が離婚し、母が再婚したため、血のつながった実父と、再婚後の義理の父がいる。さらにもうすぐ父になるトイルの恋人を入れて3人だ。トイルはまだ大学生で結婚はしていないが、妊娠5カ月だ。高校生の恋人との間に子どもができ、産む決意はしたものの、結婚には迷いがある。

トイルは母の離婚後は実父と会うことはなく、顔も思い出せない状態だったが、親の離婚や実父について、わだかまりのあるまま結婚する気になれず、とりあえず実父を探す旅に出る。向かった先は大邱《テグ》だ。母の再婚までトイルは大邱に住んでいたが、人目を気にして再婚のタイミングでソウルへ引っ越した。離婚も再婚も、実際には多いはずなのに、まだまだ隠すべきことと思う人が多いようだ。

実父は見つかるが、感動的な再会とはならなかった。いざ会ってみると、トイルはなぜ父は娘の自分と会おうとしなかったのかということに腹が立ち、怒鳴るだけ怒鳴って、去ってしまう。

一方、トイルが実父に会いに行ったことを知った義理の父は、裏切られたような気持ちになる。育てたのは自分なのに、なぜ今さら、と。

映画の終盤、実父と義理の父の二人を前にして、恋人の両親から「どっちが本当の父親？」と問われたトイルは、笑顔で「二人ともです」と答える。二人の父に会い、母の離婚前後の話を聞き、離婚も父が二人いることも、ネガティブに捉えることではないと思えるようになった。結婚してうまくいかなければ離婚すればいい、と思い直し、結婚を決意する。『椿の花咲く頃』でヨンシクがピルグに「すべての家にお父さんがいるわけじゃないぞ」と言ったセリフを思い出した。一人もいないこともあれば、お父さんが二人ということもあるのだ。

ドラマ『**海街チャチャチャ**』（2021）は『椿の花咲く頃』と共通点の多いドラマだったが、もっと多様な家族像が登場した。まず主人公の女性歯科医ヘジン（**シン・ミナ**）は幼い頃に母が病気で亡くなり、父が再婚した。ヘジンと恋に落ちるドゥシク（**キム・ソンホ**）は両親が幼い頃亡くなっている。それだけではない。海街コンジンの主要キャラクターのほとんどが、離婚していたり、配偶者や子どもと死別していたり、様々な事情を抱えている。痛みを隣人同士で分かち合う地域コミュニティーの温かみを感じるドラマだった。

『椿の花咲く頃』と少し違うのは、家庭の事情が理由で偏見にさらされることはない。離婚理由について噂する程度のことはあっても、後ろ指を指されるようなことはなく、それぞれの家庭の事情は、その人物の言動の背景として描かれている。

例えば、中華料理店「コンジン飯店」を営むナムスクは節約家だ。ヘジンの営む「ユン歯科」の患者たちに無免許の歯科技工士を紹介するなど、少しでも安く済ませることへのこだわりが強い。ヘジンはそんなナムスクに腹を立てていたが、ナムスクが一人娘を病気で亡くした話を聞き、納得がいく。ナムスクは娘を亡くして抜け殻になったように過ごしていたが、病院への寄付を始めて再び生きる意欲を取り戻す。少しでも多く寄付しようと、節約していたのだ。

コンジンの住民たちは互いに理解し、助け合って生きているが、外部の人はちょっと違う。ソウルからコンジンへ移り住んだ娘の様子を見に来たヘジンの父は、恋人として紹介されたドゥシクが幼くして両親を亡くしたことを知り、交際に反対する。ヘジンも幼くして母を亡くしているのに、だ。『椿の花咲く頃』のドンベクがシングルマザーの母に捨てられたのも、『海街チャチャチャ』のドゥシクが幼い頃に両親が亡くなったのも、すべて本人たちの責任ではない。視聴者としては幼くして苦労した主人公に幸せをつかんでほしいと思うが、現実として、いざ自分の娘や息子の配偶者のこととなると、不幸な過去を遠ざけたい人も少なくないようだ。それがたびたびドラマに登場することは、その問題に少なくとも作り手は気付いているということだ。これもまた、変化の兆しだと思う。

筑摩書房 新刊案内
● 2023. 5

●ご注文・お問合せ
筑摩書房営業部
東京都台東区蔵前 2-5-3
☎03（5687）2680　〒111-8755

この広告の定価は 10%税込です。
※発売日・書名・価格など変更になる場合がございます。

https://www.chikumashobo.co.jp/

ジャンヌ・シオー=ファクシャン　鳥取絹子 訳

大人のギフテッド
——高知能なのになぜ生きづらいのか？

発達障害のひとつで最近注目されはじめたギフテッド。高知能で恵まれた人と見られがちな彼らが、幼少期から大人になるまで抱えている生きづらさの悩みとは何か？

84328-9　四六判（5月31日発売予定）２３１０円

成川彩

現地発 韓国映画・ドラマのなぜ？

映画・ドラマから知る、韓国の食や、フェミニズム等社会状況、そして現代史まで。韓国在住映画ライターが案内。作品の見方が変わる。

推薦文＝ハン・トンヒョン

87413-9　四六判（5月31日発売予定）１７６０円

紫牟田伸子／森合音

痛みを希望に変えるコミュニティデザイン

問題点を「痛み」、改善策を「希望」と捉え、皆が参加することで持続可能な思いやりの場を生成する。病院が挑む「無関係」ではない関係を生み出す驚きの取り組みとは？　86478-9　四六判（5月31日発売予定）1980円

※新刊案内2022年3月号において『希望を生むコミュニティデザイン』を4月の新刊として掲載いたしましたが、刊行延期により、『痛みを希望に変えるコミュニティデザイン』として再掲いたします。

6桁の数字はISBNコードです。頭に978-4-480をつけてご利用下さい。

人間関係で悩んでいるすべての人に

〈対話が難しい時代〉のベストセラー

新書大賞2023 5位

朝日新聞 2022.11.5
読売新聞 2022.12.25
日経新聞 2022.11.5
毎日新聞 2023.1.14
産経新聞 2022.12.4

各紙紹介 大反響中!

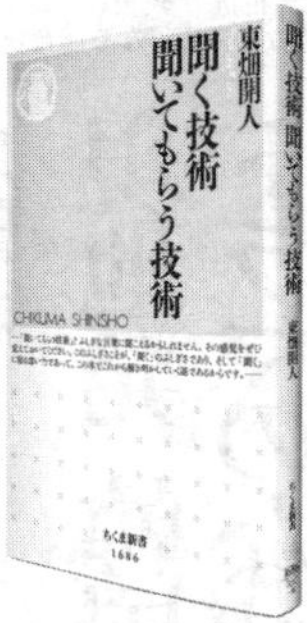

聞く技術 聞いてもらう技術

東畑開人

ちくま新書

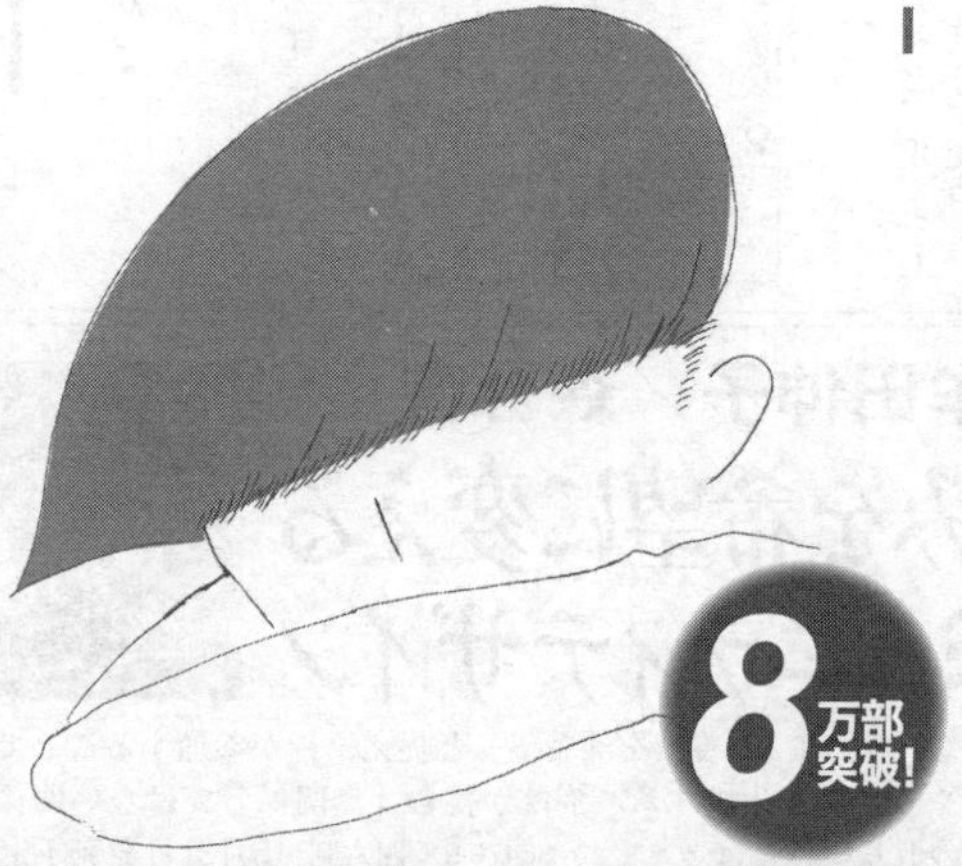

カウンセラーが教える、コミュニケーション改善の奥義。

8万部突破!

イラスト=明こときISBN:978-4-480-07509-3 定価946円(10%税込)※電子書籍も配信中

筑摩書房 筑摩書房営業部 〒111-8755 東京都台東区蔵前2-5-3 ☎03-5687-2680
https://www.chikumashobo.co.jp/

chikuma primer shinsho

ちくまプリマー新書《さいしょのしんしょ》

★5月の新刊 ●11日発売

425
ナマケモノは、なぜ怠けるのか？
静岡大学大学院教授
稲垣栄洋

▼生き物の個性と進化のふしぎ

イモムシやタヌキに雑草……。いつも脇役のつまらない生き物たち。しかしその裏に冴え渡る生存戦略があった！ ふしぎでかけがえのない、個性と進化の話。

68450-9
858円

426
嫌な気持ちになったら、どうする？
日本大学教授
中村英代

▼ネガティブとの向き合い方

ちょっとした不安から激しい怒りまで、気持ちがゆれることは誰にもある。でも、それに振り回されるのではなく、性質や特徴を知ってこの気持ちに対処しよう。

68451-6
880円

好評の既刊 ＊印は4月の新刊

- **君は君の人生の主役になれ** 鳥羽和久 皆とは違う自分独特の生き方を見つけよう！ 68438-7 968円
- **「気の持ちよう」の脳科学** 毛内拡 あいまいな「心」のはたらきを捉えなおす 68440-0 880円
- **宗教を「信じる」とはどういうことか** 石川明人 「信じる」と「疑う」は本当に相容れない？ 68439-4 968円
- **君たちが生き延びるために**——高校生との22の対話 天童荒太 小説家から若い人へ渾身のメッセージ 68443-1 924円
- **「覚える」と「わかる」**——知の仕組みとその可能性 信原幸弘 人間の知能の基本からその可能性までを探る 68441-7 880円
- **「心のクセ」に気づくには**——社会心理学から考える 村山綾 型にはまりやすい私たちの心の謎を探る 68442-4 924円

- **小さなまちの奇跡の図書館** 猪谷千香 九州南端の小さな図書館の大奮闘の物語 68444-8 880円
- **宇宙最強物質決定戦** 高水裕一 前代未聞、空前絶後の宇宙論入門書 68445-5 858円
- **集団に流されず個人として生きるには** 森達也 一人ではしないことも仲間とならしてしまう 68448-6 924円
- **鬼と日本人の歴史** 小山聡子 日本人が何に恐れてきたのかを振り返る 68447-9 902円
- ＊**増えるものたちの進化生物学** 市橋伯一 増える能力が生命を悩める存在へと変えた 68446-2 880円
- ＊**偏差値45からの大学の選び方** 山内太地 受験で勝つために「第2志望」を真剣に選ぶ 68449-3 902円

6桁の数字はISBNコードです。頭に978-4-480をつけてご利用下さい。

5月の新刊 ●12日発売

ちくま文庫

台所から北京が見える
長澤信子 ●36歳から始めた私の中国語

語学はいつ始めても遅くない

36歳で中国語を始め、40歳で通訳に！ 勉強に没頭する日々、学習のコツ、中国文化の面白さ……語学学習者、必読の名著。一章を増補。（**黒田龍之助**）

43880-5
924円

牧野植物図鑑の謎
俵浩三 ●在野の天才と知られざる競争相手

朝ドラで注目！

最も有名な植物学者・牧野富太郎には「ライバル」がいた――？ 博士と同時に別の植物図鑑を出版したある男との関係を読む図鑑史。（**大場秀章**）

43885-0
880円

父の時代・私の時代
堀内誠一 ●わがエディトリアル・デザイン史

「anan」「POPEYE」「BRUTUS」で日本の雑誌文化を牽引し、絵本の世界においても出版の文化を発展させた著者による自伝。（**林綾野**）

43884-3
1045円

マッカラーズ短篇集
カーソン・マッカラーズ　ハーン小路恭子 編訳／西田実 訳

再評価が進むマッカラーズの短篇集。奇妙な片思いが連鎖する「悲しき酒場の唄」をはじめ、異質な存在とクィアな欲望が響きあう触発の物語八編を収録。

43871-3
1100円

『おくのほそ道』謎解きの旅
安田登 ●身体感覚で「芭蕉」を読みなおす

芭蕉が『おくのほそ道』に秘めた謎とは？「歌枕」の呪術性、地名に込められた意味。俳人の素養の謡曲を元に異界を幻視する。帯文・いとうせいこう

43879-9
946円

6桁の数字はISBNコードです。頭に978-4-480をつけてご利用下さい。
内容紹介の末尾のカッコ内は解説者です。

好評の既刊
＊印は4月の新刊

小津安二郎と七人の監督
貴田庄
ローアングルから撮ったショットを積み重ねる小津独自の映像はどのようにして確立したのか。同時代の映画監督と対比し、名作の秘密を解剖する。
43882-9 1045円

オンガクハ、セイジデアル ●MUSIC IS POLITICS
ブレイディみかこ　イギリスの出来事が、今の壊れた日本を予見する
43810-2 858円

傷を愛せるか 増補新版
宮地尚子　ケアとは何か？　エンパワメントとは何か？
43816-4 792円

神田神保町書肆街考
鹿島茂　日本近代を育んだ知と文化の一大交差点のクロニクル
43831-7 2200円

高峰秀子ベスト・エッセイ
高峰秀子　斎藤明美 編　大女優のおそるべき随筆を精選
43840-9 946円

砂丘律
千種創一　伝統と革新がしなやかに交わりあう新世代短歌の傑作、文庫化!!
43836-2 880円

人間の解剖はサルの解剖のための鍵である 増補新版
吉川浩満　結局、人間とは何なのか？　知ることの〈喜び〉に溢れた本
43834-8 1320円

O・ヘンリー　ニューヨーク小説集　街の夢
青山南＋戸山翻訳農場 訳　「賢者の贈り物」含む23篇を収録！
43850-8 1100円

小さいコトが気になります
益田ミリ　どーでもいいこと、確認中！
43855-3 660円

生きていく絵 ●アートが人を〈癒す〉とき
荒井裕樹　堀江敏幸氏、柴田元幸氏、川口有美子氏推薦！
43856-0 990円

十六夜橋 新版
石牟礼道子　紫式部文学賞受賞の傑作、待望の復刊！
43860-7 1100円

82年生まれ、キム・ジヨン
チョ・ナムジュ　「これは、わたしの物語だ」
43858-4 748円

地理学者、発見と出会いを求めて世界を行く！
水野一晴　アフリカ、南米、ドイツ…調査旅行は冒険に満ちている！
43805-8 990円

しかもフタが無い
ヨシタケシンスケ　デビュー作を文庫化！
43875-1 880円

できない相談 ●piece of resistance
森絵都　描き下ろし2篇を加え、待望の文庫化！
43867-6 748円

＊**風流江戸雀／呑々まんが**
杉浦日向子　たのしい。おいしい。ほほえましい。
43873-7 858円

＊**日本人宇宙飛行士**
稲泉連　宇宙体験でしか得られないものとは？
43874-4 858円

6桁の数字はISBNコードです。頭に978-4-480をつけてご利用下さい。

5月の新刊　●12日発売　ちくま学芸文庫

中国詩史
吉川幸次郎　高橋和巳 編

中国文学において常に主流・精髄と位置付けられてきた「詩文」。先秦から唐宋を経て近代まで、平明な文章で時代順にその流れが分かる。（川合康三）

51182-9
2090円

ブルゴーニュ公国の大公たち
ジョゼフ・カルメット　田辺保 訳

中世末期、ヨーロッパにおいて燦然たる文化的達成を遂げたブルゴーニュ公国。大公四人の生涯と事績を史料の博捜とともに描出した名著。（池上俊一）

51177-5
1980円

民藝図鑑　第二巻
柳宗悦 監修

朝鮮陶磁を中心に琉球の織物、日本の染物、民画、簞笥類を収録。解説執筆には柳の他、芹澤銈介、柳悦孝、田中豊太郎ら民藝同人も参加。（土田真紀）

51184-3
1870円

学ぶことは、とびこえること
■自由のためのフェミニズム教育
ベル・フックス　里見実 監訳　朴和美／堀田碧／吉原令子 訳

境界を越え出ていくこと、それこそが自由の実践としての教育だ。ブラック・フェミニストが自らの経験をもとに語る、新たな教育への提言。（坂下史子）

51170-6
1430円

三島由紀夫 薔薇のバロキスム
谷川渥

内と外、精神と肉体などの対比や作品を彩る植物的イメージ……三島の美意識がやがて自死へと収束される過程をスリリングにたどる画期的評論。書下ろし。

51180-5
1210円

6桁の数字はISBNコードです。頭に978-4-480をつけてご利用下さい。
内容紹介の末尾のカッコ内は解説者です。

5月の新刊 ●18日発売

筑摩選書

0255
日本人無宗教説
▼その歴史から見えるもの

東京大学教授
藤原聖子 編著

「日本人は無宗教だ」とする言説の明治以来の系譜をたどり、各時代の日本人のアイデンティティ意識の変遷を解明する。宗教意識を裏側から見る日本近現代宗教史。

01773-4
1870円

0256
隣国の発見
▼日韓併合期に日本人は何を見たか

東京都立大学名誉教授
鄭大均

日韓併合期に朝鮮半島に暮らした日本人は、その自然や文化に何を見たのか。安倍能成、浅川巧ら優れた観察者のエッセイを通じて、朝鮮統治期に新たな光を当てる。

01774-1
1870円

好評の既刊 ＊印は4月の新刊

人類精神史 ——宗教・資本主義・Google
山田仁史 人類精神史を独自の視点で読みとく渾身の書
01761-1 1980円

公衆衛生の倫理学 ——国家は健康にどこまで介入すべきか
玉手慎太郎 誰の生が肯定され誰の生が否定されているか
01762-8 1870円

平和憲法をつくった男 鈴木義男
仁昌寺正一 憲法9条に平和の文言を加えた政治家の評伝
01765-9 1980円

ストーンヘンジ ——巨石文化の歴史と謎
山田英春 最新研究にもとづき謎を解説。カラー図版多数
01763-5 2200円

東京10大学の150年史
小林和幸 編著 東早慶＋筑波＋GMARCHの歩みを辿る
01767-3 1870円

敗者としての東京 ——巨大都市の隠れた地層を読む
吉見俊哉 「敗者」の視点から巨大都市を捉え返す！
01768-0 1980円

変容するシェイクスピア ——ラム姉弟から黒澤明まで
廣野由美子／桒山智成 翻案作品を詳細に分析し、多様な魅力に迫る
01766-6 1760円

丸山眞男と加藤周一 ——知識人の自己形成
山辺春彦／鷲巣力 戦後を代表する知識人はいかに生まれたか
01771-0 1870円

戦後空間史 ——都市・建築・人間
戦後空間研究会 編 戦後の都市・近郊空間と社会の変遷を考える
01769-7 1980円

＊寅さんとイエス【改訂新版】
米田彰男 反響を呼んだロングセラー、待望の改訂新版
01764-2 1980円

＊悟りと葬式 ——弔いはなぜ仏教になったか
大竹晋 悟りを目ざす仏教がなぜ葬祭を行なうのか
01770-3 1870円

＊日本政教関係史 ——宗教と政治の一五〇年
小川原正道 政教関係からみる激動の日本近現代史
01772-7 1870円

6桁の数字はISBNコードです。頭に978-4-480をつけてご利用下さい。

5月の新刊 ●11日発売 ちくま新書

1724
英語脳スイッチ！
時吉秀弥（㈱スタディーハッカー シニアリサーチャー）▼見方が変わる・わかる英文法26講

英文法に現れる「世界や人間関係の捉え方」をスイッチすれば、英語の見方が変わる・考え方がわかる！「そうだったのか」が連続の、英語学習スタートの必携書。

07553-6
990円

1725
天武天皇
寺西貞弘（日本史学者）

壬申の乱に勝利して皇位を奪取し、日本律令国家の基礎を築き、記紀編纂に着手した天武天皇。その生涯を解明し、皇親政治、律令制度導入の実態について考察する。

07557-4
1034円

1726
自衛隊海外派遣
加藤博章（関西学院大学兼任講師）

変容する国際情勢に対して日本は何ができ、何ができないのか？ ペルシャ湾、イラク戦争からウクライナ戦争に至るまで。自衛隊海外活動の全貌に迫る画期的通史。

07556-7
946円

1727
東京史
源川真希（東京都立大学教授）▼七つのテーマで巨大都市を読み解く

明治維新から今日までの約150年、破壊と再生を繰り返し発展してきた東京を様々な角度から見つめ、読み解き、その歴史を一望する。まったく新しい東京史。

07552-9
990円

1728
ACE《エース》サバイバー
三谷はるよ（龍谷大学社会学部准教授）▼子ども期の逆境に苦しむ人々

子ども期の逆境体験ACEは心と身体を蝕み、その後の人生の病気・低学歴・失業・貧困・孤立等様々な困難に結びつく。サバイバーが不利にならない社会を考える。

07551-2
968円

1729
人口減少時代の農業と食
窪田新之助／山口亮子（ジャーナリスト）

人口減少で日本の農業はどうなるか。農家はもちろん出荷や流通、販売や商品開発など危機と課題、また新たな潮流やアイデアを現場取材、農業のいまを報告する。

07554-3
1012円

6桁の数字はISBNコードです。頭に978-4-480をつけてご利用下さい。

●コン・ヒョジン⬇1-5

●カン・ハヌル（1990～）⬇ミュージカル俳優として活動を始め、ドラマ『相続者たち』（2013）や『ミセン―未生』（2014）などの助演で次第に注目を集めるようになった。2015年には『セシボン』、『二十歳』などの映画で主演を務める。代表作に映画『空と風と星の詩人 尹東柱』（2016）、ドラマ『椿の花咲く頃』（2019）など。

●イ・ジョンウン（1970～）⬇映画『パラサイト 半地下の家族』（2019）で世界的に注目を浴びたが、それ以前から演技力で高く評価されていた。演劇俳優として長く活動し、映画やドラマの脇役で広く知られるようになった。近年は主演作が続いている。日本映画『焼肉ドラゴン』（2018）にも出演した。代表作にドラマ『私たちのブルース』（2022）、映画『オマージュ』（2022）など。

●コ・ドゥシム（1951～）⬇1972年にデビューし、現在もドラマを中心に活躍を続ける。KBS、MBC、SBSなど地上波放送局の演技大賞の最多受賞者。代表作にドラマ『田園日記』（1980～2002）、映画『家族の誕生』（2006）など。

●シン・ミナ（1984～）⬇モデル出身。ドラマ『美しき日々』（2001）、映画『火山高』（2001）に出演し、本格的に俳優として活動を始めた。代表作にドラマ『僕の彼女は九尾狐』（2010）、映画『慶州 ヒョンとユニ』（2014）など。

●キム・ソンホ（1986～）⬇演劇俳優として経験を重ね、ドラマ『キム課長とソ理事』（2017）に出演して以降、ドラマで活躍を続ける。ドラマ『海街チャチャチャ』（2021）で一躍スター俳優となったのも束の間、最終回放送直後から元交際相手の女性の堕胎させられたという告発により一時非難を浴びる。告発については真偽の定かでない内容もあったが、活動に大きな影響を与えた。

4 「経断女」って？／子育て後の女性の就職難

韓国でよく使われる「経断女《キョンダンニョ》」という言葉をご存じだろうか？　経歴断絶女性の略で、結婚や出産・育児で仕事のキャリアが中断した女性を指す。韓国では経断女の就職難が社会問題化している。特に「ハイスペック」の女性ほど、再就職が困難になっているという。

ドラマ**『ロマンスは別冊付録』**（2019）は、メインは出版社に勤める男女のロマンスだが、経断女の生きづらさについても描かれていた。主人公カン・ダニ（**イ・ナヨン**）は、出産を機に大手広告会社のコピーライターの仕事を辞め、家事と育児に専念していたが、離婚し、働かざるを得なくなる。ところが、面接を受けても受けても落とされ続け、ホームレス同然の生活にまで陥る。

見ていて納得がいかないのは、ダニは名門大学を出ていたが、高卒と偽って出版社に契約社員として就職したことだ。名門大学を出てキャリアを重ねた女性が、出産・育児でいったん仕事から離れると、高卒よりも働く機会がなくなるようだ。少なくともこのドラマではそう描かれていた。

ダニが就いたのは、業務支援チームという、コピーやお茶くみのような雑用が主な仕事だっ

た。ダニはその仕事を忠実にこなしながらも、出版に関して様々なアイディアを出し、実力を発揮して活躍し始める。ところが、実はダニが名門大学出身と分かった途端、社員たちは雑用を頼まなくなる。経歴を偽ったとして契約解除の話も浮上する。見ていて「え？　高卒なら雑用を頼めるけど、大卒だと頼めないの？」と、びっくりした。ハイスペックの経断女の再就職が難しいわけだ。要するに使いにくいのだ。

このような現状は、女性が結婚や出産・育児をあきらめる背景となっている。『中央日報』（2019年11月26日）によると、経断女は2019年4月現在、169万9000人で、前年（184万7000人）より14万8000人減少した。一方で、既婚女性の数は前年から16万2000人減っている。経断女が減って良かった、というよりも、そもそも結婚を選択しない女性が増えているようだ。

『ロマンスは別冊付録』が惜しかったのは、美男美女のロマンスにフォーカスするあまり、経断女のリアルな苦労が描けていなかったことだ。ホームレス同然の貧しいシングルマザーが娘を留学に行かせるのにも違和感を感じたし、留学という形で視聴者から娘の存在を見えなくしてしまっては経断女の根本的な問題、育児と仕事の両立の難しさという要素が抜け落ちてしまう。本当にその両立に苦しんでいる経断女にとっては、現実離れしたファンタジーに見えたと思う。

一方、経断女をリアリティーたっぷりに描いて好評だったのは、キム・ドヨン監督の短編映画『**自由演技**』（2018）だ。キム監督は『自由演技』で映画界で注目を浴び、映画『**82年生まれ、キム・ジヨン**』（2019）で長編デビューを果たした。キム・ジヨンも経断女だったが、それは原作小説の著者チョ・ナムジュ自身の経験を小説に反映したものだった。チョは放送作家としてキャリアを重ねていたが、出産・育児で経断女となった。

さらにキム監督も経断女だ。キム監督はもともと女優だったが、そのキャリアが出産・育児で途絶えた。それをそのまま『自由演技』で描いた。主人公のイ・ジヨン（カン・マルグム）は女優として復帰したいが、オーディションを受けるのですら育児に追われて難しい状況だ。ネギがはみ出た買い物袋を抱え、道端の演劇のポスターをうらやましそうに見つめる。家に訪ねてきた先輩女優に「子どもはかわいいけど、イ・ジヨンは幸せではないようです」と語る、疲れた顔が胸に刺さった。

夫も俳優だが、舞台俳優で収入は不安定なようだ。そのうえ家事にも育児にも非協力的。結局ジヨンは高齢の父に子どもを見てもらうことにして、なんとか映画のオーディションを受けに行った。ところが、事前に受け取ったシナリオは別の作品で、行ってみるとセリフ二言の端役のオーディションだった。失望しながらも懸命に二言をいろんなバージョンで演じた後、最後に助監督に「自由演技」をするよう言われ、自分の辛さを涙ながらに訴える名演を見せた。

主演のカン・マルグムは、その後キム・チョヒ監督の映画『**チャンシルさんには福が多いね**』（2020）の主演で多数の新人賞を受賞し、遅咲きながら脚光を浴びた。チャンシルさんは夢見がちな独身アラフォー、「自由演技」のジョンは生活感たっぷりの主婦で、対照的な役ではあったが、どちらも広く同世代の女性の共感を集めた。

『自由演技』のような俳優夫婦は世の中で多いケースではないが、夫婦同じ職業ゆえに女性だけが出産・育児によって割を食うアンバランスがよく見えてきた。このアンバランスが続く限り、結婚や出産をあきらめる女性は減らないだろう。それはそのまま男性の問題でもある。韓国の出生率の低さは、経断女の多さに起因するとも言える。能力ある女性が活躍の場を失うことは、社会にとっても大きな損失であり、韓国に限らず世界共通の課題だ。

●**イ・ナヨン**⬇1-3

5 旧正月、秋夕／心身ともにストレスの名節

キム・ドヨン監督の映画『**82年生まれ、キム・ジヨン**』（2019）で、主人公のキム・ジヨン（**チョン・ユミ**）は女性として生きるなかで様々なストレスを受け、まるで他の人が憑依したかのような症状が出てくる。最初は夫デヒョン（**コン・ユ**）だけがそれに気づいていたが、デヒョンの家族に知られることになるのは、旧正月、ジヨンがデヒョンの実家の台所に立っていた時だ。

早朝から姑と共に料理をして、心身ともに疲れきったジヨン。そろそろ自分の実家に移動しようと思っていたら、デヒョンの姉一家がやってきて、すぐには出られない雰囲気となる。ジヨン以外はリビングで家族団らん、ワイワイ楽しそうに騒いでいるなか、ジヨンは一人台所に立っている。そこで憑依の症状が出たジヨンは、ジヨンの母の口調で「正月くらいジヨンを私の元に帰してくださいよ」と言う。ジヨンの内面が母の口を借りて吐き出されたのだろう。何かと気を遣う夫の実家を早く出て、自分の実家で心置きなく過ごしたいのだ。

旧正月や秋夕《チユソク》（旧暦8月15日）は名節と呼ばれ、親戚が集まり、先祖へのお供えもあって、大量の料理を準備する。特に夫の実家で「嫁」として料理をするのが心身ともに大きなストレ

『82年生まれ、キム・ジヨン』Blu-ray & DVD 好評発売中
発売元：クロックワークス　販売元：ハピネット・メディアマーケティング
©2020 LOTTE ENTERTAINMENT All Rights Reserved.

スとなる場合が多い。

　そんなストレスから解放されようと、嫁たちが名節の料理をボイコットするという映画も登場した。**『おばさんの狂ったワゴン』**（２０２１）。女性陣が名節の料理の材料を買いに行く口実でワゴン車に乗って脱出し、男性陣を家に残したまま旅行に出るというコメディーだった。

　主人公は、結婚を目前にしているウンソ（キム・ガウン）。婚約者の彼から名節に親戚の家にあいさつに行こうと誘われ、気が重いが、断れない。行ってみると、案の定あいさつだけでは済まない。じっとお客さんのように座っているわけにもいかず、ピンクのゴム手袋をはめて料理を手伝おうとするが、何からしていいのか分からない。そのうち、一番上のおばさんが「買い忘れたものがある」と言い出して、ウンソを含む嫁たち６人全員をワゴン車で連れ出す。

　女性陣が逃げたことを知らない男性陣は、のんきに待っている。ピアノを弾いたり、歌ったり、横になったり、「料理は女性の仕事」で、男性は何もせずに待てばいいという雰囲気だ。映画『82年生まれ、キム・ジヨン』では、ジヨンがデヒョンの実家で料理の下ごしらえをしていると、デヒョンが気を利かせて皿洗いを始める。ところがデヒョンの母はそれが気に食わない。「デヒョンは新式の夫ね」と嫌味を言って、ジヨンは肩身が狭くなる。実際、若い夫婦の間では夫が台所に立つことも増えているが、世代の違う姑は息子が台所に立つのを嫌がる傾向がある。

『おばさんの狂ったワゴン』では、女性陣が帰って来ないのを悟った男性陣は仕方なしにお供えにするチヂミを焼き始めるが、慣れない料理に四苦八苦する。男女の対比がおもしろいのが、お腹が空いた男性陣は家でカップラーメンを食べ、「キムチがない！」とイライラしている一方で、女性陣は韓国の麺料理カルグクスのお店に行き、イケメンの店員に目をハートにしながら楽しそうに食べている。

映画の中で、女性陣の脱出劇はYouTubeでリアルタイムで配信され、ニュースでも話題になって韓国中で応援する声が広がっていく。

コロナ禍での劇場公開で観客数は伸びなかったが、ちょうど旧正月の連休に韓国の地上波テレビで放送された。現実には脱出できなくても、映画を見ながら代理満足でカタルシスを感じた女性は多かったと思う。

ウンソは「先輩」にあたる嫁たちの不満を聞きながら、結婚について考え直す。私の周りの女友達の間でも、名節のストレスは結婚前も結婚後もとても大きな問題だ。例えば、30代後半で結婚を早くしたいと思っている女友達が、付き合っている男性が「長男」という理由で結婚を迷っていると言う。名節の時に一番負担が重いのが長男の嫁であり、介護などを含めて最も親に頼られがちなのが長男の嫁だからだ。私の周りには韓国人男性と結婚して韓国で暮らしている日本人女性もたくさんいるが、多くは名節の負担を口にする。名節の後自宅に戻って1週間くらい寝込む人もいるのを見れば、どれだけ大変なのかと思う。

報道を見ても、名節の料理をめぐって夫婦間でけんかになるケースが少なくない。最近は共働きも多いが、前もって夫の実家へ行って料理をする余裕がない妻が夫や姑に非難され、夫婦間に亀裂が走るという話もよく聞く。夫は夫で、国中が大移動で渋滞のなか長時間の運転にいら立つようだ。夫婦ともどもストレスを受けまいと、名節は海外旅行を楽しむという家族も増えてきた。

映画『82年生まれ、キム・ジヨン』では、デヒョンが母に「最近は名節の料理も注文できる。味もおいしいらしいよ」と提案してみるが、母は相手にしない。どのくらいの人が利用しているのかは分からないが、名節の料理の広告はよく見るようになった。特にコロナ禍では親戚が集まって料理するのは感染リスクがあり、注文するケースが増えたようだ。

少子高齢化が進むなか、名節の料理は今後ますます簡素化されそうだ。伝統は大切にしながら、名節の負担が結婚を躊躇させる理由にならないよう、老若男女が一緒に考えていく課題だと思う。

●チョン・ユミ⬇2-3

●コン・ユ（1979〜）⬇ドラマ『コーヒープリンス1号店』（2007）で人気を集める。2016〜17年にかけ、映画『新感染　ファイナル・エクスプレス』、『密偵』、ドラマ『トッケビ―君がくれた愛しい日々』の大ヒットでスター俳優となる。代表作に映画『トガニ　幼き瞳の告発』（2011）など。

6 闘う女性契約社員

１９９０年代の高卒女性契約社員が会社の不正を暴く奮闘を描いたイ・ジョンピル監督の『**サムジンカンパニー1995**』が２０２０年に韓国で公開され、話題になった。その時思い出したのは、プ・ジヨン監督の映画『**明日へ**』（２０１４）だった。２０００年代の実話がモチーフとなっており、スーパーで非正規雇用で働く女性たちが解雇撤回を訴えて立ち上がる物語だ。

主人公のソニ（**ヨム・ジョンア**）は大手スーパーで正社員を目指してレジ打ちの仕事など懸命に働いてきたが、突然契約解除を言い渡される。ソニだけでなく、共に働く非正規雇用者の多くが契約解除となり、労働組合を作ったり、ストライキを行ったりして会社に対抗する。ソニには二人の子どもがいる。夫は海外にいて映画には登場しないが、経済的に困窮しているようで、子どもの給食費や修学旅行代も払えないような状態だ。契約解除を言い渡す会社側は主婦のお小遣い稼ぎ程度に軽く考えているのを知り、ソニは「私は生活費を稼ぎに来ているんです。おかず代ではなく」と、抗議する。ソニの同僚たちも、シングルマザーだったり、入社試験に落ち続けて正社員として就職できない若者など、様々な事情を抱えて非正規雇用で働いて

『サムジンカンパニー1995』DVD 発売中＆デジタル配信中
発売・販売：ツイン
©2020 LOTTE ENTERTAINMENT & THE LAMP All Rights Reserved.

いる。

　モチーフとなったのは、２００７年の「ホームエバー闘争」だ。２００７年、２年以上勤務の非正規雇用者を正規雇用に転換することを義務付けた「非正規職保護法」の施行を前に、大手スーパーのホームエバーは非正規雇用者を大量に解雇した。非正規雇用者を守るための法律のはずが、逆の結果を生んでしまったのだ。映画で描かれたように、実際に非正規雇用者たちが解雇撤回を訴えてスーパーを占拠した。労働者が集団で仕事を放棄して会社側に要求を突きつけるストライキは、日本では近年あまり聞かない。私も「かつてよくあったらしい」くらいに思っていたが、韓国では今もよくある。２０１６～１７年にかけて多くの市民が参加し、朴槿恵《パク・クネ》政権を倒した「ろうそく集会」に驚いた日本の人も多いと思うが、韓国の人は政治に限らず、労働に関しても「ＮＯ」の表現をはっきり行動で示すことが多い。

　低予算の映画では、労働運動や女性の権利に関する映画はたくさんあるが、『明日へ』はある程度予算規模の大きな商

『明日へ』
DVD 発売中　販売：ハーク
©2014 MYUNG FILMS All Rights Reserved.

業映画だった点で画期的だった。ソニの息子役は人気アイドルグループ「EXO」のディオ（**ド・ギョンス**）が演じ、ファンの若い女性の観客も多かったという。問題意識のある人や一部の映画ファンが見る映画ではなく、多くの人が女性の労働について考えるきっかけとなった。ド・ギョンスはその後数々の映画やドラマで主演し、演技力を兼ね備えたアイドルとして活躍している。

一方、契約社員にフォーカスしたドラマとしては**『オフィスの女王』**（2013）がある。日本の人気ドラマ『ハケンの品格』の韓国版だ。主人公のミス・キム（**キム・ヘス**）は契約社員だが、正社員の誰よりも優秀で、会社が危機に瀕するたびにスーパーマンのようにあらゆる能力を発揮して解決する。だが、会社側が「正社員としてずっと勤めてほしい」と提案しても、「会社に束縛される奴隷になるつもりはありません」と、きっぱり断る。「奴隷」は言い過ぎだと思ったが、「どこかに所属したくない」というのは、会社を辞めてフリーランスで記者をやっている私としても共感できた。ただ、正社員として働きたい若者がなかなか正社員になれない現状は問題だと思う。

毎回、ドラマの冒頭で繰り返されるのは「ＩＭＦ危機から16年、非正規労働者８００万人の時代となり、韓国人の願いは南北統一ではなく正規職への転換となった」というナレーションだ。ＩＭＦ危機は１９９７年、韓国政府が国際通貨基金（ＩＭＦ）に緊急融資を要請した経済危機で、多くの企業が倒産し、非正規労働者が増えた。

そんな時代に、ミス・キムは能力がありながら契約社員でいようとする特異な存在だ。ミス・キムは昼食時間や帰宅時間をきっちり守って、契約書に書かれていない仕事は必ず手当を要求する。なんとか正社員になりたい契約社員のチョン・ジュリ（**チョン・ユミ**）が理不尽な待遇に耐えるのとは対照的だ。チョン・ジュリは仕事で失敗を繰り返し、肩身が狭くなったところへ男性正社員に「タバコを買ってきて」という仕事でない用事を頼まれても応じてしまう。それをまた同僚の女性契約社員たちに「プライドはないの？　私たち契約社員がなめられるからちゃんと断って」と怒られる始末。男性正社員vs女性契約社員の構図が際立っていた。

ドラマはコメディーだが、契約社員に対する差別は露骨に表現されている。例えば男性正社員のチャン・ギュジク（オ・ジホ）は女性契約社員を「お姉さん」という意味の「オンニ」と呼び、名前を呼ぼうとしない。放送時期が #MeToo 運動のかなり前で、今なら視聴者の非難を浴びそうな表現も目立つ。外見の美しい女性新入社員を男性上司が社員に紹介する時、「花の中の花を選んだから、ちゃんと育てて」などと言う。また、こっそり生理休暇を申請した契約社員にギュジクは他の社員がいる前で「明日、生理休暇を取るんだって?」と、尋ねる。当時はこれも許容範囲だったのだなと、改めて#MeToo後の変化を感じた。

プライベートの時間を大事にして会社とは距離を置くミス・キムの働き方も、放送当時の韓国では「あり得ない」ように思えたが、だんだん韓国の若い世代が変化してきて、現実になりつつある。最近の新入社員は残業や休日出勤をきっぱり断って、プライベートの時間を守るという話をよく聞く。映画やドラマを通して韓国の働き方の変化が垣間見えるのもおもしろい。

●**ヨム・ジョンア**⬇2-4

●**ド・ギョンス**（**1993〜**）⬇アイドルグループ「EXO」メンバーとしては「ディオ」と呼ばれるが、俳優としてはド・ギョンスの名で知られる。映画『明日へ』（2014）の演技で好評を得て、映画・ドラマの主演俳優として活躍するようになった。代表作にドラマ『100日の郎君様』（2018）、映画『スウィング・キッズ』（2018）など。

●**キム・ヘス**⬇3-2　●**チョン・ユミ**⬇2-3

7 外見至上主義／整形への複雑な視線

韓国では整形美人のことを「カンナム美人」と呼ぶそうだ。ドラマ『**私のIDはカンナム美人**』（2018）で知った。江南《カンナム》は、ソウルの真ん中を東西に流れる川、漢江《ハンガン》の南の地域を指し、比較的富裕層が多く暮らす。地下鉄の車内広告でも整形外科の広告は多いが、駅の構内にでかでかと整形外科の広告が並んでいるのは、江南の新沙《シンサ》駅だ。新沙駅周辺に整形外科が特に多い。整形美人を「カンナム美人」と呼ぶ所以だろう。

韓国は日本に比べて整形手術を受ける人が多い。特に高校を卒業して大学に入学する前に整形して「大学デビュー」する人が多いようだ。『私のIDはカンナム美人』の主人公カン・ミレ（イム・スヒャン）もそうだった。二重の手術と目頭と目尻の切開、鼻と輪郭の整形に顔全体への脂肪注入という大手術を経て、「カンナム美人」となる。

ミレは母と連れ立って整形外科へ行ったが、父の同意は得ていなかった。父は整形後のミレを見ても娘と分からなかったほどだ。ミレの場合、整形の動機は「きれいになりたい」よりも、周りの視線を気にしてのことだった。「せめて平均的な顔になりたい」と手術を受けたミレこそが「外見至上主義」に染まっているのだ。他人の顔を見ると、無意識に心の中で点数を付けるほど。ミレはせっかく美人になっても、結局、「整形した」というコンプレックスを持ち続ける。

一方、ミレの大学の同期で整形をしていない「ナチュラル美人」のヒョン・スア（チョ・ウリ）は、ミレが気に食わない。整形美人のせいでナチュラル美人が損をしていると考えているのだ。ミレにしてもスアにしても、外見へのこだわりが度を超えている。

日本でもある程度外見に関心があるのは一般的だと思うが、露骨に他人の外見についてとやかく言う人は少ない。一方、韓国では自分の外見のみならず、他人の外見についての関心も非常に高いと感じる。私はもともと顔にホクロが多かったが、日本では小中学生の頃友達にからかわれた程度で、大人になってからは特にそれを指摘する人はいなかった。ところが、韓国に来てからは本当にたくさんの人に「ホクロを取った方がいい」と言われた。私自身は今さら取らなくてもいいと思っていたが、これ以上「ホクロを取った方がいい」と言われたくなくて取ったようなものだ。ミレが整形した気持ちも分かる。

ミレの誤算は、大学に中学時代の同級生がいたことだ。ト・ギョンソク（**チャ・ウヌ**）だ。ミレはギョンソクの登場に慌てふためくが、ギョンソクは外見に関心がなく、実は中学の頃からミレに好意を持っていたことが、後になって分かる。

中学時代、ミレはギョンソクに「香水つけてる？」と聞かれたのを、自虐的に「おまえみたいなブスが香水？」と言われたように受け取っていたが、それも勘違いだった。ギョンソクは自分の母が香水関連の仕事をしているという理由で香水に反応しただけだった。

韓国の映画やドラマに整形や外見至上主義にまつわる話は多いが、外見と対比させる目に見えない何かが登場するのが特徴だ。キム・ヨンファ監督の映画『**カンナさん大成功です!**』（2006）では、外見と「歌声」を対比させた。主人公のカンナ（**キム・アジュン**）は歌手だ。肥満体型で、もともとは他の歌手の代わりに舞台裏で歌う「ゴーストシンガー」だったが、全身整形を経て、表舞台に立つ。歌がうまい上に、美貌が加わってスポットライトを浴びるようになる。

カンナが整形外科でどんな顔にしたいのか医師と相談する時、「目はファン・シネ?」「鼻は誰がいい?」「輪郭は? シム・ウナ、イ・ミヨン、イ・ヨンエの中で……」というふうに韓国の人気女優の顔のパーツを挙げながら目標の顔を決めていった。『カンナさん大成功です!』はコメディーなので整形手術もおもしろおかしく描いていたが、実際、中国で韓流ブームが盛り上がっていた頃、整形を望む女性たちがイ・ヨンエやソン・ヘギョの写真を持って「こんな顔にしてほしい」と整形外科を訪れているというニュースを見たことがある。整形そのものは個人の自由だと思うが、個性が失われる方向性には違和感も感じる。

カンナは整形した事実を隠し、「ジェニー」という名で「ナチュラル美人」の歌手として売り出す。ところが、整形前から恋焦がれていた音楽プロデューサーのサンジュン（チュ・ジンモ）が、カンナとジェニーが同一人物とは知らず、消息を絶ったカンナのことを「大事な人だった」と惜しむのを聞き、整形したことを打ち明けようと考え始める。

ここで、女性の整形をめぐる、男性のダブルスタンダードが出てくる。整形についてどう思うかをカンナに問われたサンジュンが、「理解できる」と言った後、「自分の恋人でなければ」と付け加えた。カンナはがっかりして打ち明けるのをやめる。映画やドラマで整形が描かれるのは、整形の是非を問うているというより、整形についての受け止め方の問題を指摘しているようだ。

カンナにとって整形を隠すことは過去を隠すことでもあった。病気の父に会えなくなり、友人とも疎遠になり、「ジェニー」の振りをすることに耐えられなくなったカンナは、コンサートで「私はジェニーじゃなく、カンナです」と打ち明け、ファンに謝罪した。歌手をあきらめる覚悟だったが、涙ながらの告白はむしろ感動を生み、カンナは改めてカンナの名で歌手として大成功する。カンナ役のキム・アジュンは、歌手顔負けの歌唱力で観客を感嘆させ、この映画自体、観客数600万人を突破するヒットとなった。外見や整形に対するコンプレックスに共感した人も多かったのだろう。

映画『カンナさん大成功です！』からドラマ『私のＩＤはカンナム美人』まで10年以上を経ても、なお整形への複雑な視線は残っているようだ。外見の個性が尊重され、整形しなければという圧力を感じない社会になれば、と願う。

『私のＩＤはカンナム美人』もそうだが、外見にまつわる作品は原作がウェブトゥーン（韓国発のウェブコミック）の場合が多い。Netflixで配信されたアニメーション、その名も『外見至上主義』（2022）やドラマ『**女神降臨**』（2020〜21）もウェブトゥーン原作で、いずれも主人公は高校生。若い世代の関心の高さが表れている。いずれも外見を理由に激しいいじめにあう場面があるのは気になるところだ。校内暴力もまた、韓国で近年、社会問題となっている。

●**チャ・ウヌ**（**1997〜**）⬇アイドルグループ「ASTRO」メンバー。「彫刻美男」と呼ばれるほど整った顔立ちで、役柄もドラマ『私のIDはカンナム美人』（2018）、『女神降臨』（2020〜21）などで誰もが振り返るような美男の役を演じている。代表作にドラマ『新米史官ク・ヘリョン』（2019）など。

●**キム・アジュン**（**1982〜**）⬇映画『カンナさん大成功です！』（2006）で、大鐘賞主演女優賞をはじめ多くの賞を受賞した。代表作にドラマ『医心伝心―脈あり！恋あり？』（2017）など。

第4章

格差社会と若者の苦境

変化する韓国社会で翻弄され、あきらめる若者たち

２０２０年8月末、**パク・ボゴム**が軍に入隊した。その直後、9月から主演ドラマ『**青春の記録**』が放送されたから、撮り終えてすぐに入隊したのだ。少しでもブランクを感じさせないよう、ドラマや映画を撮ってから放送・公開前に入隊するケースは多い。

一方、『青春の記録』でパク・ボゴムが演じたサ・ヘジュンは売れない俳優だ。兵役に行く前になんとか売れようと、映画やドラマの端役でも必死で演じているうちにスターになっていく。就職難が深刻ななか、「泥のスプーン」をくわえて生まれた若者たちにとって、一発逆転のチャンスは芸能人になることくらい、とも言われている。資産家の両親のもとに生まれれば「金のスプーン」と言うが、貧しい両親のもとに生まれれば「泥のスプーン」をくわえて生まれたと言う。貧富格差が固定化し、本人の努力では逆転が難しくなってきた近年よく使われる言葉だ。

韓国では基本的に男性全員に兵役の義務がある。多くは20代前半で入隊するが、Ｋ－ＰＯＰアイドルや俳優らは、できるだけ若いうちに活動しようと、入隊を遅らせる傾向がある。ＢＴＳ（防弾少年団）のメンバーに関しては兵役を免除（厳密には代替服務）すべきかどうかをめぐ

る議論が巻き起こったが、免除反対の世論が根強かったのは、韓国の若者たちが公平性に敏感だからだ。ＢＴＳメンバーは兵役の義務を果たすと発表し、２０２２年12月、最年長のＪＩＮが入隊した。過去に不当な方法で兵役を忌避して非難を浴びた芸能人も少なくない。政治家や財閥の息子の兵役忌避も世間の反感を買う一因になっている。

私自身がＢＴＳの魅力にはまったのは「DOPE」のミュージックビデオだった。完璧すぎるパフォーマンスに釘付けになって繰り返しYouTubeで見たが、歌詞をよく聴いてみれば、「三放世代　五放世代　それなら俺はユッポ（ジャーキー）が好きだから六放《ユッポ》世代」という部分があった。韓国語であきらめることを「放棄する」という。三放世代は、恋愛、結婚、出産の三つをあきらめる世代、五放世代はその三つに加えてマイホームと経歴の五つをあきらめる世代を指す。就職難のなかでも家賃は上がり、若者たちは早々にいろんなことをあきらめる。

就職難という若者の受難の時代が始まったのは、１９９７年のＩＭＦ通貨危機の後だった。ドラマ**『二十五、二十一』**（２０２２）は、ＩＭＦ危機後の困難な状況で奮闘する若者たちを描いた。コロナ流行中の現在、主人公ナ・ヒド（**キム・テリ**）の娘がヒドの日記を読みながら、過去に遡る形でストーリー展開する。現在を生きるヒドの娘は、5年続けたバレエをやめる。「夢はあるの?」と聞く祖母に向かって「夢みたいなもの、必要?　みんな就職のことばかり話すのに」と言い放つ。就職に役立たないバレエなどやっても意味がないと思っているようだ。

一方、日記の中のヒドは１９９８年、フェンシング一筋の女子高校生だが、ＩＭＦ危機の影

響で学校の予算が減り、フェンシング部がなくなる。ヒドは教師に「夢を奪うなんて!」と抗議するが、「おまえの夢を奪ったのは俺じゃない。時代だ」と冷たくあしらわれる。若者の夢が奪われた時代。だが、ヒドはそんなことではあきらめず、フェンシングのスター選手がいる高校に転校し、夢に向かって突き進む。

後にヒドの恋人となるペク・イジン(**ナム・ジュヒョク**)は、財閥の御曹司だったが、IMF危機で父が多額の借金を抱え、通っていた大学を退学する。家族はばらばらになり、周りの友人たちの態度も変わり、挫折しそうな状況でヒドに出会う。借金取りに追われて一時は田舎に身をひそめるが、フェンシングに打ち込むヒドに刺激を受け、放送局に就職して記者として活躍し始める。

IMF危機から立ち上がる主人公たちのたくましさはまぶしかったが、ヒドの娘が「夢なんか必要?」と言うように、今の若者たちの前には努力がむなしくなるような閉塞感が漂う。まじめに会社に勤めたところで、サラリーマンの給料では一生かかってもソウルに家を買えないという現実。近年流行った「イセンマン」という造語は、「イボン センウン マンヘッタ」の略語で、「今回の人生は終わった」という意味だ。今世はもうがんばってもダメだから、来世にでも期待しようということで、若者たちがよく使う。なんとも切ない。

ドラマ『**恋するイエカツ**』（2021）は、不動産にまつわるドラマだった。主人公のナ・ヨンウォン（チョン・ソミン）は、賃貸で住んでいた家が突然競売にかけられ、追い出されてしまう。家主と連絡がつかず、保証金も受け取れない状態に。10年間一生懸命働いて貯めた全財産だった。おまけに勤め先の雑誌社が廃刊になって無職となる。そこで知人が紹介してくれた仕事が、雑誌「月刊家」のエディターだ。追い出されず安心して住めるマイホーム購入を目標に、再びあくせく働き始める。

そんなヨンウォンと対照的なのが、「月刊家」代表のユ・ジャソン（キム・ジソク）。不動産の売買で数百億ウォンを稼ぎ、「家は一言で言えば金だ」と言い切る。ジャソンにとって家は投資の対象でしかない。ジャソンに「住みたくなる家の記事でなく、買いたくなる家の記事を書け」と命じられ、ヨンウォンは葛藤するが、再び無職になるわけにもいかず、嫌々従う。不動産の売買を繰り返して資産を増やす人がいる一方で、どんどん上がる家賃に苦しむ人たちもいる。不動産の高騰は格差をますます拡大させ、韓国の社会問題となって久しい。

この章では日本にはない兵役が若者たちに与える影響や、就職難、不動産の高騰など若者が直面する問題について考えてみたい。

●キム・テリ（1990〜）➡映画『お嬢さん』（2016）の抜擢で、次世代ライジングスターとして注目を集める。ドラマ『ミスター・サンシャイン』（2018）では射撃の名手、ドラマ『二十五、二十一』（2022）ではフェンシング選手を演じるなど、果敢に戦う役が多い。代表作に映画『リトル・フォレスト 春夏秋冬』（2018）など。

●パク・ボゴム➡3-2

●ナム・ジュヒョク（1994〜）➡『まぶしくて―私たちの輝く時間』（2019）、『スタートアップ―夢の扉』（2020）、『二十五、二十一』（2022）などドラマでの活躍が目立つが、映画『安市城 グレート・バトル』（2018）では青龍映画賞新人賞をはじめ多数受賞した。

1 自殺者、脱走兵／兵役に悩む若者たち

韓国と日本は似ているところも多いが、特に若者に関して決定的に違うのは韓国は兵役があることだ。私は韓国に留学するまで兵役に関してほとんど考えたことがなかった。軍に入隊するのは大抵二十歳前後なので、２００２年、大学2年生の時に韓国に留学した私はちょうど同年代の男子学生が入隊していくのを見送ることになった。はっきり覚えているのは、日韓ワールドカップで盛り上がっていた6月、学生たちで集まってテレビで3位決定戦の韓国対トルコ戦を観戦していた時だ。この日、延坪島《ヨンピョン》の近くで韓国軍と北朝鮮軍の銃撃戦が起き、６人の韓国兵が死亡した。一緒にテレビ観戦していた学生の一人はもうすぐ入隊の予定で、銃撃戦のニュースを見ながらぽつりと「行きたくない。怖い」とこぼした。初めて身近に兵役の重みを感じた瞬間だった。

兵役を素材にした映画では**ユン・ジョンビン監督**の『**許されざるもの**』（２００５）がある。ユン監督の大学の卒業作品だったが、カンヌ国際映画祭に招待されたほか韓国でも多数の賞を受賞し、注目を集めた。主演の**ハ・ジョンウ**も当時無名だったが、この作品で脚光を浴び、スター俳優となっていく。

韓国は年齢を重視する国だが、軍隊では入隊順に上下関係が決まる。テジョン（ハ・ジョンウ）とスンヨン（ソ・ジャンウォン）は中学の同級生だが、スンヨンは遅く入隊したため、テジョンの部下となる。スンヨンは理不尽なことを受け入れられないタイプで、なかなか軍隊に馴染めない。周りの反感を買うスンヨンをテジョンはかばおうとするが、それもまたスンヨンが目をつけられる原因になる。

テジョンが除隊してしばらく経って、スンヨンが軍服姿で訪ねてくるが、どうも様子がおかしい。スンヨンはテジョンに何度も「話したいことがある」と言いながらなかなか言葉にせず、テジョンはイライラを募らせる。テジョンはスンヨンと二人で飲んでいる席に自分の彼女を呼び出す。その席で彼女に軍隊での話を力説するが、彼女は「おもしろくない」と、素っ気ない。テジョンはいったんスンヨンを帰らせ、彼女とモーテルに入るが、スンヨンはしつこくテジョンに電話して「話がある」と繰り返す。実はスンヨンは軍隊から脱走してきたのだが、結局打ち明けられず、テジョンを怒らせてしまう。なぜ脱走に至ったのか、軍隊で何があったのか、フラッシュバックしながら真相が明らかになっていく。

スンヨンはテジョンの除隊後、徐々に理不尽な軍隊文化に慣れていくが、今度は部下のジフン（ユン・ジョンビン）に手こずる。スンヨンはジフンに優しく接したが、それが裏目に出たのかジフンはスンヨンの言うことをまともに聞かなくなる。ある日、スンヨンは自分の指示を無視するジフンに声を荒らげ、頭を殴った。その直後、ジフンは首を吊る。スンヨンの脱走の

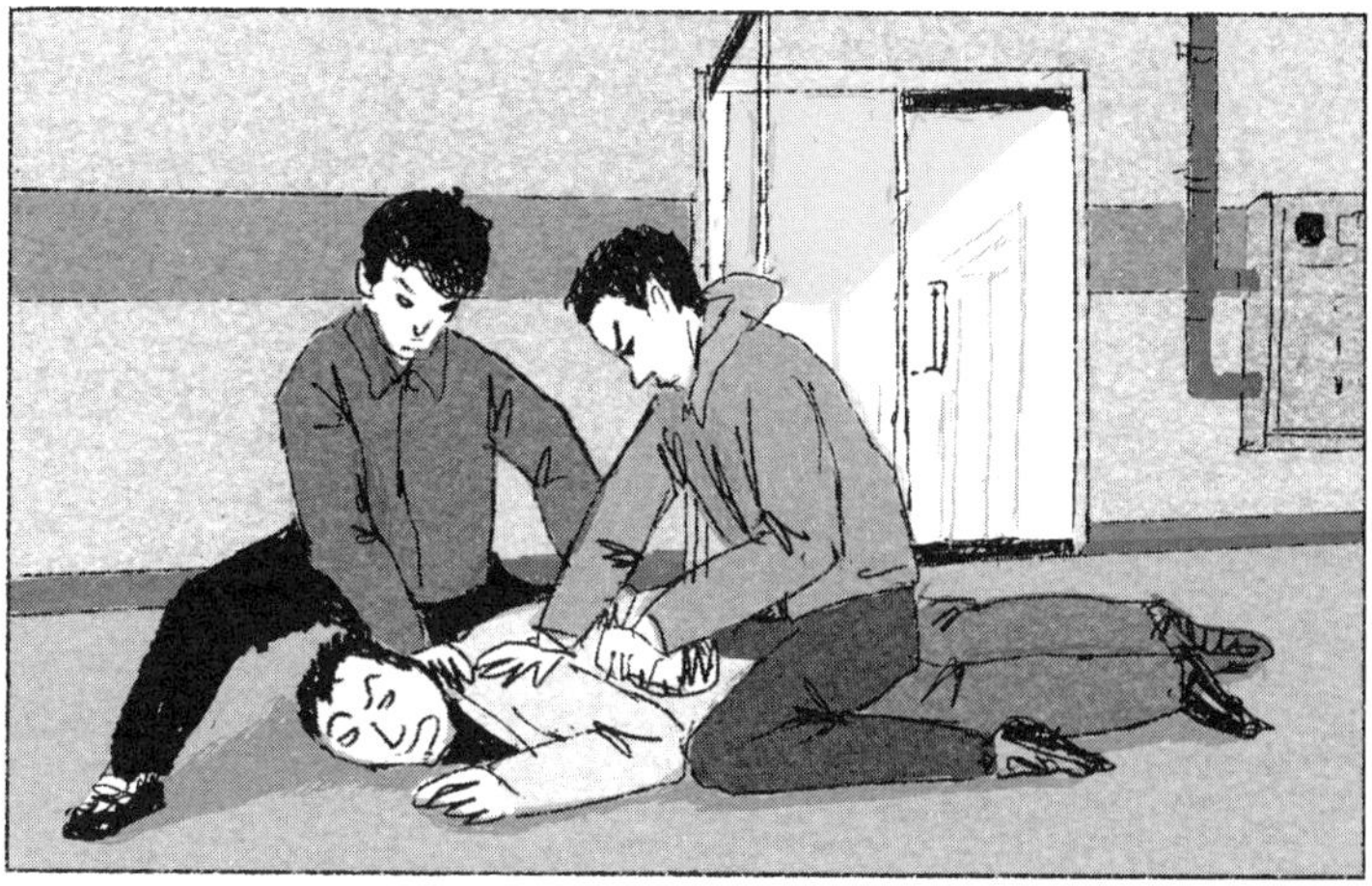

きっかけは、ジフンの自殺だった。スンヨンは自責の念に押しつぶされそうになって脱走し、テジョンを訪ねたのだった。

ジフンの自殺の直接の原因はおそらく恋人に振られたことだ。観客はジフンが電話で恋人に振られるのを目撃するが、スンヨンはそれを知らず、自分のせいだと思ったのかもしれない。兵役期間はだんだん短くなってきて、現在は1年6カ月（陸軍）だが、この映画ができた2000年代前半までは2年だった。兵役中の恋人を待ちきれず、別れるカップルも多いと聞く。

一方、Netflixオリジナルドラマ『**D.P. —脱走兵追跡官**』（2021）は、脱走兵をテーマにしたドラマだ。D.P.はDeserter Pursuitの略で、憲兵隊所属の脱走兵追跡組だ。脱走兵を捜し出し、捕らえる任務を負う。軍人とばれないよう私服で街中に出るD.P.は、軍隊の中でも特殊な存在だ。ドラマの中では二人一組で、主人公のアン・ジュンホ（**チョン・ヘイン**）はハン・ホヨル（**ク・ギョファン**）と組む。

原作はウェブトゥーン『D.P犬の日』だ。原作者のキム・ボトンはD.P.出身で、リアルな描写が話題になった。脱走するのには様々な理由があるが、人間関係やいじめなどに耐えられず、自暴自棄になって脱走するケースが多いようだ。休暇で出たまま復帰しないケースもある。捕まれば懲役刑なので激しく抵抗する脱走兵もいて、D.P.は危険な任務でもある。ジュンホはボクシング経験者というのを買われてD.P.に選ばれた。演じたチョン・ヘインはボクシング未経験者だったが、撮影前に3カ月間特訓したという。

『D.P.』は脱走兵の物語でもあり、ジュンホの成長物語でもある。ジュンホは初めてD.P.の任務に就いた時、さぼっている間に脱走兵が自殺してしまい、その責任を感じながら脱走兵を「無事に」捕まえることに全力を尽くすようになる。

チョン・ヘインはドラマ『**よくおごってくれる綺麗なお姉さん**』（2018）で視聴者を魅了した爽やかな笑顔を封印し、『D.P.』では一貫して深刻な様子だ。その重い雰囲気をコンビのホヨルが崩してくれる。ひょうきんで冗談ばかり言っているホヨルだが、脱走兵を捕まえることに関しては勘がいい。二人は名コンビとなっていく。

軍隊での自殺は珍しいことではない。2021年は上半期だけで37件に上ったと報じられている。女性は兵役の義務はないが、職業軍人としては女性もいて、2021年5月、空軍所属の女性が上官から性的暴行を受けたと訴えた後自殺した。報道によれば、女性は被害を訴えたが、軍はそれに対応せずもみ消しを図ったようだ。『D.P.』にも軍の隠蔽体質が出てくる。

ドラマの中では度を超えたセクハラ（男性同士）、パワハラが繰り返され、逃げ出したくなるのもよく分かる。地上波では放送できないような内容も、Netflixオリジナルだから許されるようだ。地上波では例えば『**太陽の末裔**』（2016）のような軍を美化するようなドラマはあっても、批判的な描き方はあまり見られなかった。案の定、『D.P.』が話題になると共に軍への批判の声が高まった。

『D.P.』に続いて登場した軍に批判的なドラマ『**軍検事ドーベルマン**』（2022）も好評だった。金儲けを目的に軍検事になった男性と、復讐を果たす目的で軍検事になった女性の二人が主人公。軍検事は軍事裁判における検事なので、軍で起こる様々な事件がドラマに登場した。中には実際の不祥事がモチーフとなった部分もあり、軍にまつわるタブーもなくなりつつあるようだ。

●ユン・ジョンビン監督⬇2-2　**●ハ・ジョンウ**⬇2-2　**●チョン・ヘイン**⬇3-1
●ク・ギョファン（1982〜）⬇主にインディーズ映画の俳優、監督として活躍してきたが、映画『新 感染半島 ファイナル・ステージ』（2020）、『モガディシュ 脱出までの14日間』（2021）と立て続けにヒット作出演で脚光を浴びた。代表作に映画『なまず』（2019）など。

2 韓国独特の賃貸システム「チョンセ」／詐欺のリスクも……

新聞社を退社して韓国へ留学した当初、とりあえず友人の家に居候して、住む家を探し始めた。周りの韓国の友人たちは、「まとまったお金があるなら買うか、チョンセにした方がいい。毎月家賃を払うのはもったいない」と勧めてきた。9年勤めた後だったので、ある程度のまとまったお金は持っていたが、家を買ったり、チョンセにしたりするほどの額ではなかったので、「半チョンセ」という選択をした。

チョンセというのは、韓国独特の賃貸システムで、高額の保証金を入居時に払い、月々の家賃はゼロ、退去時にまるまる返ってくるというものだ。韓国以外の国にも一部あるが、韓国ほどこのシステムが発達した国はないようだ。2022年のソウルのマンションのチョンセ保証金は平均6億9000万ウォン（約6900万円）に達したという。買うのとあまり変わらないぐらい高額だが、退去時に家の価値が上がっても下がっても同じ金額を受け取ることになる。

私が選んだ半チョンセというのは、例えば、7000万ウォンを保証金として払い、月々20万ウォンの家賃を払うというもの。保証金をある程度払っているので月々の家賃を安く抑えられる。7000万ウォンは退去時に返ってくる。

チョンセや半チョンセに慣れない私は、周りに「退去時に返ってこないことはないの?」と聞いてみたが、「みんな使っている制度だから大丈夫」と言われた。ちょっと不安ではあったが、フリーランスになった以上は月々の家賃はできるだけ抑えたいので、思いきって契約した。ただ、元ソウル特派員の先輩に話したら、「え、大丈夫? けっこうチョンセでもめること多いよ。勇気あるね」と、怖い褒められ方をした。

ドラマ**『賢い医師生活』**(2020)の中にも、チョンセ詐欺の話が出てきた。研修医のト・ジェハク(チョン・ムンソン)が詐欺に遭う。不動産仲介業者が、家主には月90万ウォンのウォルセ契約(月々家賃を払う賃貸契約)と言い、ト・ジェハクにはチョンセ契約と言ってチョンセ保証金2億ウォンを騙し取ったのだ。

『賢い医師生活』は5人の男女の医師が主人公だが、病院の同僚や患者、患者の家族まで、一人一人を丁寧に描いたヒューマンドラマで大人気となった。ト・ジェハクは医師に怒られてばかりだが、必死でついていこうとするひたむきさに思わず応援したくなるキャラクターだった。こつこつとお金を貯めて、やっとチョンセ契約をしたと同僚に自慢げに話していたのに、それが詐欺と分かり、奈落の底に突き落とされる。ドラマの世界だけでなく、実際にもチョンセ詐欺は少なくないらしい。

私も実は、詐欺とまでは言わないが、難儀した。2年ほど住んだ半チョンセの家からウォルセのマンションへ引っ越した時のことだ。出る時になって知ったのだが、契約期間ぴったりでなければ自動更新となり、次の入居者が決まるまで保証金は返ってこないという。法的には、退去を申し出て3カ月たてば、次の入居者が決まらなくても返してもらえる。それが、3カ月たってもすぐに返してもらえなかったのだ。次の入居者が決まらず、私に返す保証金が家主の手元になかったのだろう。早く返してほしいと連絡すると、私が出てからの水道代やガス代などいろいろと請求され、ややこしいことを言い続けるので、友達と一芝居打つことにした。友達が私のマネージャーという設定で家主に電話をして「彩記者は今テレビ出演中で代わりにマネージャーの私が電話した。今すぐ返してもらえないなら、法的手段を取るしかない」と厳しく言ってくれたのだ。その数時間後には入金された。

次の人が決まらないと返せないのは、保証金を家主がどこかに使っているということだ。もちろん、そうでなければ家主にとってチョンセや半チョンセにするメリットはない。どこかに投資するなり、運用してこそ、月々の家賃をもらうよりも、家主にとって得になる可能性が出てくる。家主の立場で見れば、家賃をもらわない代わりに無利子でまとまったお金を借りるようなものだ。

それでも、日本人の発想では、運用して損になる可能性を考えれば、家賃として確実に収入を得る方がいいのでは、と思うだろう。日本と違うのは、韓国の不動産の価格が概ね上がり続けているということだ。家主が考える保証金運用の一つは他の不動産を購入することだが、そうすればその不動産がまた利益を生む可能性が高い。預かった保証金は、運用している状態にしていても、次の入居者から新たに預かって、そのまま前の入居者に返せばいい、という仕組みだ。

調べてみると、韓国でチョンセが広まったのは1970年代だという。急速に経済成長するなかで、農村から都市部へ出てくる人が増え、都市部の住宅需要が高まった。家を買うほどまとまったお金がなく、チョンセという形で家主にお金を預け、家賃ゼロで住む人が増えたという。

ウォルセのマンションに引っ越す時も、不動産仲介業者に「借金してでもチョンセか半チョンセにした方がいい」と勧められた。実際にそうやってお金を借りてチョンセや半チョンセで暮らす人も少なくない。だが、よくよく考えると、ないお金を借りてチョンセや半チョンセとして払い、それを家主が投資に使うとなると、本当はないお金が不動産を通して回っていることになる。2022年には政権交代があり、尹錫悦《ユン・ソンニョル》政権下では不動産価格が一部下がり始めた。「バブル崩壊」と騒ぐ報道もあり、上がっても下がっても不安な雰囲気だ。

3 変わらぬ格差の構造／階段を転げ落ちる人たち

ポン・ジュノ監督の『**パラサイト　半地下の家族**』（2019）を最初に見た時、**キム・ギヨン監督**の『**下女**』（1960）が思い浮かんだ。主に二つの共通点がある。階段や土地の高低が階級の象徴として使われている点と、家政婦が上流階級の家に寄生する点だ。『下女』は韓国映画の最高傑作に挙げる人もいるほどの作品で、ポン監督はキム・ギヨン監督に多大な影響を受けたと明かしている。『下女』のタイトル文字を書いたのはポン監督の父という縁もある。

『下女』は下女（家政婦）が住み込み先の家に寄生する話だったが、『パラサイト』では家政婦どころか半地下の家族4人が次々にパク社長（**イ・ソンギュン**）の家に寄生する。ポン監督が公開前に「ネタバレ厳禁」を念入りにお願いしたのは、さらに地下に元家政婦の夫が寄生していたことが後半で明らかになるからだ。

『パラサイト』のパク社長の豪邸は、坂道を上った所にある。半地下の家族が住む家が低い所にあるのと対照的だ。大雨の時には雨水が下へ下へと流れ、パク社長宅は何ともないのに、半地下の家は浸水の被害に遭うという格差の象徴になっていた。大雨の翌日、パク社長の妻ヨンギョ（チョ・ヨジョン）は車の後部座席で誰かと通話しながら「今日は空が青くてＰＭ２・５

はゼロよ」と声を弾ませる。大雨のおかげで空気がきれいになったと喜んでいるのだ。運転席ではその汚れを洗い流した雨水のせいで家に戻れなくなったギテク（**ソン・ガンホ**）が顔をしかめていた。

私自身、2002年に初めて韓国に留学した時、半地下に住んでいた。留学先の大学が紹介した下宿で、当時韓国語がしゃべれなかった私に選択肢はなかった。壁に茶色の線が入っていて、「大雨の時にここまで浸水した」と聞いてヒヤッとした。洗濯物を干しても半乾きのような気持ち悪さが残り、半年くらい我慢して地上の部屋に引っ越した。半地下の家族がにおうのは、カビ臭さだろう。

半地下の家族とパク社長の家族は様々な面でその格差が見える。例えばパク社長はIT企業の社長であり、通信の最先端にいる。一方、半地下の家族は映画の冒頭からWi-Fiがつながらず、家の中で比較的高い位置にある便器の横でやっとつながる通信弱者だ。現代の貧富の差が如実に表れていた。

土地の高低のみならずパク社長宅の中でも階段によって階級が分かれている。パク社長宅で当初働いていた家政婦ムングァン（**イ・ジョンウン**）は、パク社長一家が引っ越してくる前からこの豪邸で家政婦として勤めており、パク社長一家も存在を知らない地下室に夫を住まわせていた。半地下の家族の画策によって家政婦をクビになったムングァンは、夫のために再びパク社長宅を訪ねてくる。その日はパク社長一家が不在で、代わりに半地下の家族が主人気取りでリビングで宴会を繰り広げていた。

階段が象徴的に使われたのは、半地下の家族が地下へ降りていくシーンだった。ムングァンの後任の家政婦チュンスク（チャン・ヘジン）に対し、ムングァンは夫の存在を明かし、定期的に食事を与えてほしいと懇願するのを半地下の家族3人が階段で盗み聞きしていたが、足を滑らせて3人一気に転げ落ちる。少し前までパク社長の家を我が物顔で使って地上の家族のように振る舞っていた半地下の家族が、地下に落ちた瞬間だ。ムングァンの夫と同等になったことを意味していた。

一方、『下女』に出てくる家はパク社長宅のような豪邸ではないが、1960年当時一戸建てで家政婦を雇っているのはある程度経済的に余裕のある家庭だ。家政婦は主人を誘惑して妊娠するが、階段を転げ落ちてお腹の子どもを死なせる。家政婦は「奥様の言う通りにした」と言うのだ。一方、奥様は3人目の子どもを出産し、邪魔者になった家政婦を追い出そうとするが、家政婦は引き下がるどころか一家に復讐を始める。家政婦が運んできた水を飲んだ長男に「毒を入れた」と嘘をつき、動揺して部屋を飛び出した長男は階段を転げ落ちて死んでしまう。

夫婦は事態を世間に知られまいと家政婦の言いなりになり、奥様と家政婦の地位は逆転する。主人は2階の家政婦の部屋で家政婦と一緒に寝て、奥様は1階で一人黙々と裁縫の仕事をする。上下の対比が明確だった。家政婦の個人的な上昇志向だけでなく、自分たちの子どもは大事にしながら家政婦の子どもの命を軽んじた夫婦への批判も込められているようだった。

『下女』から約60年の歳月を経て貧富格差は固定化し、身分上昇の可能性はなくなってきたというのが、『パラサイト』が突きつける厳しい現実だ。身分上昇は韓国映画やドラマの定番のテーマだが、『パラサイト』は半地下の家族の長男ギウ（**チェ・ウシク**）が夢見る身分上昇は絵に描いた餅という印象を残して終わる。

旧パク社長宅の地下にいる父からメッセージを受け取ったギウは、父に返信を書く。「父さん、今日計画を立てました」とは言うものの、大金を稼いで旧パク社長宅を買うという計画は実現可能性がほぼゼロの妄想に過ぎない。父からのメッセージは点灯信号で受け取ったものの、この返信を父に届ける方法はなさそうだ。届かない手紙はギウの一大決心がいかに空虚なものかを感じさせる。ギウはオープニングと同じようにエンディングでも半地下の家にたたずんだままだ。

●**ポン・ジュノ監督**⬇1-2　●**イ・ソンギュン**⬇1-6　●**ソン・ガンホ**⬇2-0　●**イ・ジョンウン**⬇3-3　●**チェ・ウシク**⬇2-5

●**キム・ギヨン監督**（**1919〜98**）⬇独特のスタイルで、ポン・ジュノをはじめ多くの監督に影響を与えた。1990年代後半から世界的にも関心を集め始めたが、98年に火事で亡くなった。代表作に『下女』（1960）、『火女』（1971）など。

4 就職難の若者たち／得体の知れない不安感

イ・チャンドン監督の作品は、観客の判断に委ねる部分が大きい。監督自身、「簡単に伝わるメッセージは大きな力を持ちえないと思う。映画館を出た後、長く観客の中に問いかけが残るような、人生と映画のつながりを感じられるような経験をしてほしい」と話していた。特に『**バーニング 劇場版**』（２０１８）は、映画の中で何が起こったのか確証が得られず、映画館を出ても問いかけが頭の中を巡り続ける映画だった。それはまさに主人公ジョンス（**ユ・アイン**）が感じている得体の知れない不安感のようだった。

ジョンスは小説家を志望してはいるが、「何を書いているの？」と聞かれると「まだどんな小説を書けばいいのか分からない」と答えるような状態だ。アルバイトで糊口をしのいでいる。ジョンスの実家は北朝鮮との軍事境界線に近い坡州《パジュ》の農村にある。母は十数年前に家を出て行き、父は暴行で捕まった。薄暗いパジュの家で一人でご飯を食べているジョンスが見るともなしに見ているテレビでは、若者の失業問題が報じられていた。

ジョンスはある日偶然再会した幼なじみのヘミ（**チョン・ジョンソ**）と親しくなり、アフリカ旅行中に猫の面倒を見てほしいと頼まれる。ジョンスはヘミの家に猫の餌やりに行くが、そ

『バーニング 劇場版』Blu-ray & DVD 発売中＆デジタル配信中
発売・販売：ツイン
©2018 PinehouseFilm Co., Ltd. All Rights Reserved

こに猫の姿はない。猫は本当に存在するのだろうか。ヘミが目の前に存在しないみかんの皮をむき、おいしそうに食べるパントマイムをジョンスに見せながら、「ここにみかんがあると思うんじゃなくて、ここにみかんがないということを忘れればいい」と言ったセリフに呼応する。猫がいないということを忘れればいいのだ。映画全体を通し、存在と不在の境界が不確かな描写が続く。

ジョンスと対照的な存在として登場するのが、ベン（**スティーヴン・ユァン**）だ。アフリカ帰りのヘミと一緒に空港に現れたベンは、特に働いている様子も見られないが、高級車を乗り回し、江南《カンナム》の高級マンションに暮らしている。ジョンスにとって理解し難い存在だ。「何の仕事をしているんですか」と尋ねるジョンスに、ベンは「いろいろやってるけど、簡単に言えば遊んでいるようなもの。最近は遊びと仕事の区分がなくなってきた」と言う。不動産や株式などの投資によって不労所得を得ているのかもしれない。実際、韓国ではそういう若者が少なくない。

映画の終盤、ジョンスはパソコンに向かって小説を書き始める。この後の展開は、映画の中で起こった出来事なのか、ジョンスが書く小説に描かれたことなのか、観客には区別がつかない。だが、いずれにしても、ジョンスの燃えるような怒りが感じられる。

分からないということが、この映画の核心のように感じた。

民主化運動を描いた映画『**1987、ある闘いの真実**』（2017）を見た時、軍事政権に立ち向かう若者たちがまぶしく見えた。命を落としたり、心身に傷を負ったり、大きな犠牲は伴ったが、民主化という分かりやすい方向性はあった。

その30年後、国政を私物化した朴槿恵《パク・クネ》大統領の下野を要求したろうそく集会は、既得権に対する怒りの表出でもあった。かつて民主化運動に参加した世代だけでなく、次世代の若者もたくさん参加した。だが、ろうそく集会を経て誕生した文在寅《ムン・ジェイン》政権下でも、若者の生きづらさは変わらなかった。一方で、ベンのように何の努力もせずとも裕福に暮らす若者がいる。ジョンスの怒りは、どこに向かえばいいのか分からない今の若者たちの怒りだったように思う。

シン・スウォン監督の『**若者の光**』（2020）では、もっとリアルに若者の苦境が描かれた。主人公は3人だ。コールセンターの実習生ジュン（ユン・チャンヨン）、コールセンターのセンター長セヨン（キム・ホジョン）、セヨンの娘ミレ（チョン・ハダム）。大学生のミレもまた、別の会社で実習中だ。

シン監督がこの作品を作るきっかけとなったのは、実際に2016年に起きた事故だった。

当時19歳の実習生が亡くなった事故で、地下鉄駅のホームドア修理作業中にホームドアと列車に挟まれて死亡した。本来二人以上で作業すべきところ、一人で作業に当たっていたという。監督は「当時ニュースで見た遺品の写真が頭から離れなくなった。かばんの中に入っていたのが、カップラーメンと箸と作業道具。ご飯を食べる時間も与えられなかったんだと思った」と話す。韓国では就職難を背景に、「インターン」という名の実習生が、安い労働力として使われている現実がある。『若者の光』では、19歳のジュンがトイレに行く暇もなく働く姿が描かれた。

コールセンターでのジュンの仕事は、カードローンの債務者に返済催促の電話をかけることだ。「返す」と言ってなかなか返さない債務者と、「もっと強く返済を迫れ」と指示する上司の間で葛藤する。10代の若者が「実習」として経験するにはあまりにも過酷だ。直接回収に訪れた先で、債務者の自殺を目の当たりにしたジュンはパニックに陥る。

一方、セヨンはセンター長として、本社から回収率の低さを指摘され、回収率を上げることで頭がいっぱいだ。娘より若いジュンを自殺に追い込んでしまう。

セヨンがジュンの自殺の対応に追われている間、娘のミレは正社員への道が閉ざされ、遺書を残して家を出る。そうなる前、ミレはセヨンに「お母さんの会社で働いたらダメ？」と言ってみたが、セヨンは「ダメ！」と強い口調で制した。娘に働かせたくない会社を率いている、という矛盾が印象的だった。ミレが自殺するかもしれないという局面に至ってやっと、セヨンはジュンの自殺の重みを受け止める。

映画の中で母の視線を感じるのは、シン監督自身がワーキングマザーだからだろう。監督は「娘や息子の話を聞けば、自分たちの時代よりもずっと就職の機会が限られていると感じる」と話す。映画にも出てくるが、大学ではいかに就職するかを研究する「就職サークル」が人気で、就職サークルに入るにも面接があったり、入ることすら難しいサークルもあるようだ。熾烈な受験戦争を経て大学に入っても、また就職を巡って学生同士の競争が続く。

タイトルにあるように、かすかな光は感じられる結末だったが、コロナ禍でますます若者の就職難が深刻化しているのが現実だ。「私たちの競争、いつ終わるのかな」とぼやいたミレのセリフが響く。

チョン・ジュリ監督の映画**『あしたの少女』**（２０２３）は、『若者の光』とほぼ同じ素材を扱っていた。主人公の一人、ソヒ（キム・シウン）はコールセンターの実習生で、『若者の光』と違うのは、もう一人の主人公が刑事という点だ。前半はソヒが現場実習を通して疲弊していく様子、後半は刑事の目を通してソヒを追い込んだのは何だったのか、が描かれる。『あしたの少女』に出てくるコールセンターは、インターネットや携帯電話の解約受付が主な業務だが、「いかに解約させないか」を実習生たちに競争させる。あの手この手で契約継続へ誘導するマニュアルが渡され、通話相手は解約できなくてイライラする。マニュアル通り対応した実習生たちは日常的に通話相手から暴言を吐かれる。『若者の光』のローン返済催促と共に、高校生が「実習」として経験するには不適切極まりない。

刑事を演じた**ペ・ドゥナ**の演技は圧巻だった。高校生の命を尊重しない周りの大人たち（コールセンターの上司や学校の先生ら）に怒りを爆発させる。韓国の原題は『次のソヒ』だった。映画のモチーフとなった実際の事件があり、「次のソヒ＝実習による犠牲者」を出さないために何ができるかを考えさせる映画だった。

●**イ・チャンドン監督**⬇1-6

●**ユ・アイン**（**1986～**）⬇ドラマ『トキメキ☆成均館スキャンダル』（2010）で人気を集め、多くの映画、ドラマ主演で受賞を重ねている。ドラマ『密会』（2014）でキム・ヒエと、映画『王の運命 歴史を変えた八日間』（2015）でソン・ガンホと共演するなどトップクラスのベテラン俳優と共に主演を務めた作品も多い。代表作にドラマ『六龍が飛ぶ』（2015～16）、映画『声もなく』（2020）など。2023年、麻薬使用疑惑で警察に出頭した。

●**チョン・ジョンソ**⬇1-5

●**スティーヴン・ユァン**⬇1-4

●**シン・スウォン監督**⬇2-4

●**ペ・ドゥナ**（**1979～**）⬇映画『ほえる犬は噛まない』（2000）、『子猫をお願い』（2001）で独特の存在感を放ち、海外でも人気を集める。是枝裕和監督作には『空気人形』（2009）、『ベイビー・ブローカー』（2022）と2度出演している。代表作にドラマ『秘密の森』（2017、2020）、映画『私の少女』（2014）など。ハリウッドでも活躍。

5 「安定」の公務員を目指す若者たち

ドラマ『**気象庁の人々**』(2022)は、タイトルの通り、気象庁職員たちが主人公だ。気象庁は公的機関で、働くのは公務員。若手職員のキム・スジンはクレーム電話の対応について上司から注意を受け、「私は天気予報のために気象庁に入ったんです。こんな電話を受けるために難しい試験を受けたわけじゃないんです」と言い返す。汚い言葉遣いで声を荒らげたり、若い女性の声に反応して「結婚は? 何歳?」と聞いてきたり、クレーム電話の酷さに耐えかねたのだ。

だが、ここで主人公のチン・ハギョン(**パク・ミニョン**)は「私たちは、こういう仕事をするためにここに入ってきたんです」と、きっぱり言う。クレーム電話に対応することで、それだけ天気予報に影響を受ける人が多いということが分かる、というのだ。さらに「私たちが難しい公務員試験に通ってここにいる理由は、市民たちに奉仕するためです」と諭した。そして、ハギョンもまた、新人時代に同じことを上司から言われていた。

公務員試験が難しい試験となってきたのは、1997年のIMF通貨危機以降だ。いつ解雇されるか分からない民間企業よりも、「安定」の公務員を目指す若者が増え、競争率が上がった。２０２１年の統計庁の発表によると、青年（15〜29歳）の未就業者のうち公務員試験を目指して準備中の青年が32・4%に上るという。

『おひとりさま―一人酒男女』（２０１６）はソウルの鷺梁津《ノリャンジン》が舞台のドラマだった。鷺梁津と言えば、水産市場でも知られるが、予備校が集まっていることでも有名だ。特に公務員試験受験生の多くが鷺梁津の予備校に通う。『おひとりさま』の男女の主人公は公務員予備校の講師。男性のスター講師のジョンソク（ハ・ソクジン）は、一日中しゃべる仕事から解放され、夜は一人で飲む時間を贅沢に楽しむ。原題は『ホンスル男女』で、ホンスルはホンジャ（一人）＋スル（酒）の略語だ。一方の女性講師のハナ（パク・ハソン）は鷺梁津の予備校に新しく採用されたものの、授業で失敗ばかりして、夜は寂しくホンスル。

高級車を乗り回し、優雅な一人暮らしを謳歌しているジョンソクとは対照的に、ハナが暮らすのは半地下だ。大雨の日には部屋が水浸しになる。ハナは大学の学費を稼ぐために予備校講師を始め、そのまま経済的な余力のないまま講師を続けている。

講師だけでなく、予備校生の悲哀も描かれた。ドンヨン（キム・ドンヨン）は公務員試験になかなか受からず、5年間付き合った彼女に別れを告げられる。ドンヨンは勉強机とベッドがかろうじて入るぐらいの狭い部屋（考試院）と予備校を往復し、彼女と遊ぶのも我慢して勉強に励んでいた。彼女にふられて自殺まで考えるが、その勇気もなく再び公務員試験を目指して邁進する。

警察官を描いたドラマ『**ライブ―君こそが生きる理由**』（２０１８）にも、鷺梁津で公務員試験を目指して猛勉強する主人公たちの姿が見られた。

女性主人公のハン・ジョンオ（**チョン・ユミ**）は警察官を目指す前、アルバイトをしながら就職活動に励んでいたが、結婚の予定を聞かれるなど、面接官の女性差別的な発言に悩んでいた。ある日、地下鉄の車内で警察官募集のポスターを目にしたジョンオは「公務員は試験の点数だけでなれる。女性も昇進できるし」と、つぶやいた。ただ、公務員予備校で勉強するにもお金が必要だ。疎遠になっていた父を訪ね、「２０００万ウォンください」と直談判し、２年間の猛勉強を経て合格する。

一方、男性主人公のヨム・サンス（**イ・グァンス**）は、インターン先の企業で詐欺に遭い、正社員の夢が閉ざされ、警察官を目指す。公務員予備校に通うサンスは、ジャージ姿でカップ飯をかきこむ典型的な鷺梁津スタイルだ。「コッパッ」と呼ばれるカップ飯は、予備校生たちが安く短時間で食べられるメニューとして知られる。

苦労の末試験に合格したジョンオとサンスだが、そこはゴールではなかった。警察官の厳しい現実のスタートに立っただけだ。気象庁職員も、警察官も、難しい試験に合格したからと言って、優雅な公務員生活が待っているわけではない。『ライブ』は警察官を描いたドラマにしては珍しく、事件を解決するかっこいい警察官ではなく、日常的に大小様々な困難にぶつかり、葛藤する等身大の警察官が描かれていた。

●パク・ミニョン⬇1-3 **●チョン・ユミ**⬇2-3

●イ・グァンス（**1985～**）⬇俳優だが、バラエティー番組『ランニングマン』を通して知られ、アジアを中心に海外でも人気。代表作に映画『探偵なふたり：リターンズ』（2018）、ドラマ『ライブ』（2018）など。

6 甲と乙の明確な上下関係

タクシー運転手の主人公らが被害者に代わって復讐するドラマ『**模範タクシー**』（2021）では、実際にあったいくつかの事件がモチーフとなり、話題になった。その一つはパワハラ事件。少し前、日本でドラマ『半沢直樹』の復讐劇に多くの視聴者がカタルシスを感じたように、韓国の視聴者も『模範タクシー』の復讐代行に快感を味わったようだ。

模範タクシーは実際にソウル市内を走っている車体が黒いタクシーで、料金は一般タクシーに比べてちょっと割高だが、比較的安全運転で運転手も親切なことが多く、旅行や出張で来る外国人がよく利用する。『模範タクシー』の主人公キム・ドギ（**イ・ジェフン**）はタクシー運転手で、特殊な設計が施された模範タクシーに乗って復讐代行に臨む。復讐代行はキム・ドギ一人ではなく、タクシー会社「ムジゲ運輸」のメンバーたちが密かにチームで動いている。一方、連続して事件の加害者が行方不明になる奇妙な点に着目した女性検事カン・ハナ（イ・ソム）は、キム・ドギとムジゲ運輸のメンバーを疑い始める。

モチーフになったパワハラ事件は、2018年に報じられたIT企業ヤン・ジンホ会長のパワハラ事件だ。ヤン会長が部下に土下座をさせたり、平手打ちを連発する動画がニュースで報じられ、韓国社会に衝撃を与えた。

　ドラマでは会社名や会長の名前は異なるが、ＩＴ企業の会長が社員に平手打ちを連発して罵倒する場面があった。さらにこの会社はわいせつ動画を違法に流通させて利益を得ており、ムジゲ運輸のメンバーの姉も被害者の一人だ。キム・ドギはこの会社に入社して「潜伏捜査」をし、会長への復讐の機会を探る。

　ドラマで会長の側近が赤や青のカラフルなヘアスタイルなのも、ニュース映像で見たヤン会長の側近と同様だ。実際、ヤン会長の平手打ちの様子は隠し撮りではなく役員に撮影させていたというが、ドラマでも同じように描かれた。

　ところで韓国ではパワハラのことを「甲《カプ》チル」と言う。日本語でも甲乙は契約などで使ったり、優劣の判断が難しい時に「甲乙つけがたい」などと言う。一方韓国では甲と乙は、はっきり上下を表す言葉で、甲が上、乙が下だ。カプチルのチルは「〜すること」という意味なので、カプチルは直訳すれば「甲をすること」。上の者が下の者に対してする、いわゆるパワハラだ。

　韓国にいると、自分が相手との関係で甲（上）なのか乙（下）なのか把握するように助言されることがある。日本で取材先や仕事でお世話になっている人と飲みに行く時、上下関係を意識することはあまりなかった。ところが韓国では、飲みに行く前に友達から「今日はどっちが甲なの？」と聞かれ、意味が分からず、どういう人と飲むと説明すると、「じゃあ、彩が甲（乙）だね」と判断される。それをわきまえて接するようにというアドバイスなのだ。

例えば映画の記事を書くライターである私が、映画会社の広報担当者と飲みに行く時、韓国では私が「甲」だそうだ。広報担当者にとっては作品について記事を書いてくれるライターが「上」なのだ。あるいはポータルサイト運営会社の社員と飲む時には私は「乙」だと言われた。ポータルサイトに記事を載せてもらうライターという「下」の立場なのだ。上下関係を把握する必要性は個人的にはあまり感じないが、韓国では日本以上に甲乙（上下）を意識する人が多いと感じる。

ドラマ**『インターンは元上司!?』**（２０２０）は甲と乙が逆転する話だった。原題は『コンデインターン』。「コンデ」は日本語に訳すのが難しい言葉の一つだが、非常によく使う。「古い考えを年下や部下に押し付ける人」という意味で、職場の煙たい上司について陰口をたたく時などに使う。「頑固おやじ」に近いかもしれないが、女性にも使う。

だから、「コンデインターン」というタイトル自体、組み合わせがおかしい。ドラマの冒頭でコンデだった男性が、退職に追いやられ、新たにインターンとして別の会社に入社したら、かつて自分がいじめた部下が上司だったという上下逆転の話だ。

まずコンデとして登場するのは、主人公カ・ヨルチャン（**パク・ヘジン**）の職場の上司、イ・マンシク（**キム・ウンス**）だ。マンシクが部長、ヨルチャンがインターンという関係で、あらゆる形で甲チルをする。職場で怒鳴りつけるのは日常茶飯事、ヨルチャンが出したアイディアを横取りして自分のアイディアと主張するなど、立場を利用してやりたい放題だ。ヨルチャンは活躍の機会も与えられないまま、インターン先の会社を去る。

インターンが理不尽な待遇を受ける現実は、「正社員になりたい」という心理を利用されている面もありそうだ。就職難が背景にある問題と言える。

5年後、立場は逆転する。ヨルチャンは新たな職場で力を発揮し、部長に上りつめていた。マンシクとは違って職場の部下たちに優しい上司だ。一方のマンシクは、出世街道から脱落し、倉庫管理の仕事を命じられる。いわゆる窓際族だ。「家庭も顧みず会社に尽くしてきたのに」と息巻いて退社するも、転職先はなかなか見つからない。子どもの教育費を考えると、休んでいる場合ではない。これもまた韓国の中年サラリーマンの多くが経験する厳しい現実だ。

やっとシニアインターンとして採用された会社の上司が、ヨルチャンだった。他の部下には優しいヨルチャンだが、甲チルを味わった過去は忘れられない。タメ口でなれなれしく話しかけてくるマンシクに「上司には敬語を使うように」と、厳しく線引きし、マンシクには仕事をふらない、というささやかな甲チルで復讐を始める。もともと図太いマンシクはそんなことではひるまず、ヨルチャンの甲チルもエスカレートしていく。

ドラマは甲乙の逆転をおもしろおかしく描いたコメディーだったが、実際に甲チルに苦しむインターンの若者たちのことを思えば、笑い事では済まされない。

●イ・ジェフン（1984〜）⬇2011年、『BLEAK NIGHT 番人』と『高地戦』の2本の映画で注目を集める。ドラマ

『模範タクシー』（２０２１）ではＳＢＳ演技大賞最優秀演技賞を受賞。代表作にドラマ『シグナル』（２０１６）、映画『金子文子と朴烈』（２０１７）など。

●**パク・ヘジン**（**１９８３～**）⬇ドラマ『噂のチル姫』（２００６）でデビューし、ドラマ『インターンは元上司!?』（２０２０）ではＭＢＣ演技大賞の大賞を受賞した。代表作にドラマ『恋はチーズ・イン・ザ・トラップ』（２０１６）など。

●**キム・ウンス**（**１９６１～**）⬇日本映画学校（現・日本映画大学）に留学経験があり、日本語が堪能。ドラマ『壬辰倭乱１５９２』では豊臣秀吉役で出演し、注目を集めた。代表作にドラマ『インターンは元上司!?』（２０２０）など。

第5章

激動の韓国現代史

南北分断から民主化運動、ろうそく集会に至るエネルギー

韓国の現代史は激動そのものだった。1945年に日本の植民地支配から解放されるも束の間、48年には大韓民国（南側）と朝鮮民主主義人民共和国（北側）に分断し、50年に朝鮮戦争が勃発した。53年に休戦協定が結ばれたが、その後も終戦に至ることなく南北は分断したままだ。朝鮮戦争を描いた映画はたくさんあるが、軍事政権下では厳しい検閲があり、ほとんどが北を敵として描く「反共映画」だった。

そんな中でも、イデオロギーとは一歩離れ、戦争に間接的に巻き込まれた庶民を描いた映画もあった。**キム・スヨン監督**の『**山火事**』（1967）だ。朝鮮戦争中のある山村が舞台で、戦場は出てこない。男性たちは皆戦争に行ってしまい、残された女性たちは夫や息子の消息も知らぬまま暮らしている。女性たちは再婚もできず、「男が恋しい」と嘆く日々。そんな村の裏山へ逃げて来た男性を女性二人がかくまうという内容なのだが、一人の男性に女性二人が交代で食事を届け、肉体関係を持つ。裏山には竹がうっそうと茂り、敵の隠れ場になっていると して韓国軍に火を付けられ、男性は山火事に巻き込まれる。男性のいない村の女性たちを性的欲求不満という視点で描いたことに驚いた。厳しい検閲をくぐり抜け、戦争の不幸の本質的な

一面を見せた。

時を経て、民主化が進み、90年代には検閲がなくなる。必ずしも北朝鮮を敵として描かなくてもよくなったのだ。画期的だったのが**パク・チャヌク監督**の『**JSA**』（２０００）だった。南北の軍事境界線上にある共同警備区域（ＪＳＡ）で勤務する南北の軍人が密かに行き来し、友情を交わす。それが事件に発展し、悲劇的な結末にはなるが、同じ民族の若者が敵対しなければいけない矛盾が伝わってきた。『ＪＳＡ』以降、南北分断をテーマにした多彩な作品が相次いでヒットしている。

一方、１９４５年に日本の植民地支配から解放され、１９５０年に朝鮮戦争が始まるまでの時期に起きた済州島での事件は、長い間タブー視されてきた。済州島四・三事件と呼ばれる。１９４８年4月3日に起きた島民の蜂起をきっかけに、韓国軍が鎮圧を通り越して多くの島民を虐殺した事件だ。軍事政権下ではタブー視されてきたが、金大中《キム・デジュン》政権下でようやく真相究明調査が始まり、次の盧武鉉《ノ・ムヒョン》大統領が調査の結果を受けて公式に謝罪したのは、事件から半世紀以上過ぎた２００３年のことだ。

在日コリアンの中には、この事件から逃れて日本へ渡った人たちもいる。ヤン・ヨンヒ監督のドキュメンタリー映画『**スープとイデオロギー**』（２０２１）に出てくるヤン監督の母もその一人。四・三事件から逃れて大阪へ渡ってきた。ヤン監督は『ディア・ピョンヤン』（２００６）、『かぞくのくに』（２０１２）などの映画を通して在日コリアンと北朝鮮の関係を描いてきたが、北朝鮮を支持した母が、実は四・三事件を経験していたことが母の晩年になって分かる。韓国社会でタブーだっただけでなく、在日コリアンの間でもタブーだったのだ。韓国軍の虐殺を目の当たりにした人が、北朝鮮を支持するのはある意味自然なことだったかもしれない。北朝鮮を支持する両親が理解できなかったヤン監督だが、母の四・三事件の経験を知り、『スープとイデオロギー』を作った。このように、激動の韓国近現代史は、やっと映画として描かれるようになってきた部分もある。

日本で近年注目を集めた韓国映画の中では、民主化運動にまつわる作品がいくつかあった。**チャン・ジュナン監督**の『**１９８７、ある闘いの真実**』（２０１７）もその一つ。１９８７年の6月民主抗争を描いた映画だ。

日本では１９８０年の光州事件の方が知られているが、韓国では民主化といえば、6月民主抗争によって大統領直接選挙制を勝ち取ったことが真っ先に挙げられる。民衆の勝利の歴史だ。この勝利経験があったからこそ、約30年後に朴槿恵《パク・クネ》政権打倒のために人々が街に出てろうそく集会に参加したのだ。自分たちの社会は自分たちで変えるという伝統は、ろうそく集会の勝利によって再び若い世代に引き継がれた。

一方、朴槿恵政権下では作れなかったであろう映画が、ウ・ミンホ監督の『**KCIA 南山の部長たち**』（２０２０）だ。朴槿恵の父、朴正煕《パク・チョンヒ》大統領暗殺事件を描いた。朴正煕大統領を射殺したＫＣＩＡ部長金載圭《キム・ジェギュ》をモデルにした主人公を**イ・ビョンホン**が好演した。朴正煕暗殺で暗黒の軍事政権が終われば良かったのだが、その後すぐに全斗煥《チョン・ドゥファン》が実権を握り、光州事件へとつながっていく。激動の韓国現代史を描く映画は、時の政権に左右されながらも、韓国映画の主流と言えるほど毎年のように秀作が生まれている。この章では、それらを朝鮮戦争からろうそく集会に至るまで、どう描かれてきたのか、史実と共にたどってみたい。

●**キム・スヨン監督**（**1929〜**）⬇『恐妻家』（1958）でデビューし、100本を超える作品を撮ってきた。日本では日韓合作『愛の黙示録』（1997）の監督として知られる。代表作に『浜辺の村』（1965）、『霧』（1967）など。
●**パク・チャヌク監督**（**1963〜**）⬇ポン・ジュノ監督と共に、2000年代の韓国映画界を牽引する両巨頭。南北の軍人の友情を描いた『JSA』（2000）の大ヒットで注目を集め、『オールド・ボーイ』（2003）がカンヌ国際映画祭審査員特別グランプリを受賞し、世界的な人気監督となる。『別れる決心』（2022）でカンヌ映画祭監督賞を受賞した。その他代表作に『親切なクムジャさん』（2005）、『お嬢さん』（2016）など。
●**チャン・ジュナン監督**⬇1-6　●**イ・ビョンホン**⬇2-5

1 民族最大の悲劇／朝鮮戦争

1950年に勃発した朝鮮戦争を描いた映画はたくさんある。いまだに休戦状態で、現在進行形の問題だからだ。**チャン・フン監督**の『**高地戦**』（2011）は朝鮮戦争後半の激戦地、エロク高地での戦いを描いた映画で、ほぼ最初から最後まで戦場が舞台だ。

韓国軍の中尉カン・ウンピョ（**シン・ハギュン**）は北側との内通者がいるとの情報を得て、調査のために最前線へ送り込まれる。そこでまず目撃するのは、北朝鮮兵の格好をした韓国兵だ。上官が問いただすと「寒いから着ている」と開き直る。最前線は「敵に勝つ」という意欲よりも、「いつになったら終わるのか」という疲労感に覆われていた。それもそのはず、休戦についての会談は1951年7月に始まり、休戦が決まったのは2年後だった。

結局、ウンピョは北側と手紙のやり取りをしている現場を目撃する。それはエロク高地に埋めた木箱を通してのやり取りだった。エロク高地の奪い合いは数十回繰り返され、エロク高地の「主」が南から北、北から南へ変わるたびにその箱に手紙や酒、タバコなどを入れて南北でやり取りしていたのだ。北からの手紙は南の家族に宛てたものだった。直接手紙が送れないため、韓国兵に代わりに送ってほしいということだった。事情を知ったウンピョは目をつぶるこ

『高地戦』Blu-ray & DVD 発売中＆デジタル配信中
発売・販売：ツイン
©2011 SHOWBOX / MEDIAPLEX AND TPS COMPANY ALL RIGHTS RESERVED.

とにする。

同じ民族同士の戦争の悲劇は、「なぜ戦うのか」がよく分からない点だ。最前線の若者たちは殺さなければ殺されるという恐怖に駆られて戦うが、同じような顔つきの同じ言語を話す「敵」が憎いわけではない。

私の知り合いの中には、1990年代に北朝鮮との軍事境界線近くで兵役を務めた人がいるが、実際、南北の軍人が互いに声が聞こえるような距離で昼食に何を食べたなどたわいない会話を交わしたり、水路を利用してタバコをプレゼントしたり、密かな交流があったという。建前としては敵対していても、南北分断がなければ、同じ国の若者同士だったはずだ。

朝鮮戦争を描いた映画は愛国主義が感じられる作品も多いが、『高地戦』は違う。主人公は韓国兵だが、北朝鮮兵を殺すことに疑問を感じ、ためらう姿が描かれている。登場する北朝鮮兵も、敵対してはいるが人間的な側面が見える。

外交交渉のもと地図上に線を引く権力者がいる一方、その線をめぐって血を流しながら戦うのは、「生きて家に帰る」ことが最大の目標である南北の若者たちだ。

チャン・フン監督は『**タクシー運転手 約束は海を越えて**』（2017）の監督でもある。朝鮮戦争や光州事件という悲劇を描きつつ、いずれもヒューマニズムが感じられる作品だ。

朝鮮戦争を素材としながら、楽しい映画もある。カン・ヒョンチョル監督の『**スウィング・キッズ**』（2018）は、ミュージカル『ロ・ギス』を脚色した作品なだけに、音楽とダンスであふれている。1951年、韓国の巨済《コジェ》捕虜収容所で捕虜たちのダンスチームが作られる話で、チームに入る主人公の北朝鮮兵ロ・ギスを演じたのはアイドルグループ「EXO」のディオ（**ド・ギョンス**）。演技に定評はあったが、ダンスの見せ場で本領を発揮した。

ダンスチーム結成は「自由の踊りを踊る共産主義者」というイメージメーキングのため、米国人の所長が考えたことだった。チームを指導するのは元ブロードウェイのタップダンサー、ジャクソン（ジャレッド・グライムス）。ギスは敵である米国人からダンスを習うことに躊躇するが、「踊りたい」という本能が勝つ。踊るのに理由はない。踊りたいから踊るのだ。

巨済捕虜収容所は、慶尚南道の巨済島に実在し、北朝鮮兵と中国兵が収容された。映画の中のダンスチームには中国兵も通訳の女性も入り、多彩なチームとなった。

ところが、ギスの友達クァングク（イ・ダウィ）が収容所へ入ってきて雰囲気がガラッと変わる。戦争で大けがを負ったクァングクは、北朝鮮の惨状を伝える。捕虜たちの間で米軍への敵対心が膨らみ、ギスは再びタップダンスを踊るのが難しい立場となる。「イデオロギーなんてクソ食らえ」というメッセージが痛いほど伝わってくる映画だった。

原作のミュージカルは、一枚の写真をヒントに作られたという。巨済捕虜収容所で仮面をつけて踊る捕虜の写真だ。その写真の場面が実際にどういう状況だったのかは分からないが、収容所でも、もしかすると映画に出てくるような楽しいひと時はあったのかもしれない、とも思う。

●**チャン・フン監督**➡2-0

●**シン・ハギュン**（**1974〜**）➡映画『JSA』（2000）で脚光を浴び、青龍映画賞助演男優賞を受賞。続いて映画『復讐者に憐れみを』（2002）、『地球を守れ！』（2003）で狂気的な役を演じ、演技派俳優として定着する。代表作に映画『高地戦』（2011）、ドラマ『怪物』（2021）など。

●**ド・ギョンス**➡3-6

2 朝鮮戦争の後遺症／離散家族

朝鮮戦争では、多くの離散家族が発生した。離散家族とは主に北朝鮮と韓国で家族が離ればなれになって会えなくなったケースを指すが、韓国内だけでなく韓国と海外に離散して消息が分からなくなったケースも少なくない。

朝鮮戦争から現代まで、一人の男性がたどった人生を描いたユン・ジェギュン監督の**『国際市場で逢いましょう』**（２０１４）は、離散家族を描いた映画でもあった。観客数１４００万人を記録した大ヒット映画だ。主人公ドクス（**ファン・ジョンミン**）は架空の人物だが、背景となっているのはほとんど実際にあった出来事だ。韓国現代史がつまった作品といえる。

ドクスの出身は北朝鮮で、両親と弟、二人の妹と暮らしていた。朝鮮戦争で情勢が悪化し、北朝鮮の興南（フンナム）港から撤収する米軍の船に乗って韓国へ避難したが、乗船時に父と妹マクスンと離ればなれになってしまった。ドクスがマクスンをおぶって船によじ登ったが、マクスンは何者かに後ろから引っ張られ、落ちてしまったようだ。父はマクスンを探すために下船したが、船はそのまま出港する。

母とドクス、弟、妹の４人は釜山へたどり着く。タイトルの国際市場は、釜山に実在する市場の名前だ。この国際市場の親戚の家に身を寄せ、父とマクスンが訪ねてくるのを待った。

ドクスはいつも自分の夢は後回しにして、弟の大学進学や妹の結婚のために、西ドイツの炭鉱で働いたり、ベトナム戦争に技術者として従事したり、危険な現場へ飛び込んでいく。そして、ドクスは西ドイツで韓国人の看護師ヨンジャ（**キム・ユンジン**）と出会い、釜山に戻って結婚する。韓国から西ドイツへ炭鉱労働者や看護師が派遣されたのも、実際にあった出来事だ。朴正熙《パク・チョンヒ》政権下の1960〜70年代、約2万人が派遣されたという。背景には、1961年に西ドイツが韓国に3000万ドルの借款をする約束をした見返りに派遣を要求したことがあった。

映画のクライマックスは、マクスンとの再会だった。再会場面で多くの人が涙したが、私もその一人だ。ユン・ジェギュン監督は涙腺を刺激するのがうまい。再会は、テレビ番組を通して実現した。実際に1983年に放送されたKBSの特別生放送番組『離散家族を探します』だ。朝鮮戦争で生き別れた韓国内、あるいは海外の家族を探す番組で、当時の映像を見るとKBSの建物の前に家族の名前や特徴を書いたプラカードを持った人たちが大勢集まっていた。

映画の中で、番組を通してドクスの父が見つかったという情報は間違いだったが、マクスンは米国にいることが分かった。マクスンは幼い時に米国に養子として送られたという。実際、朝鮮戦争の孤児の多くが米国に養子として送られた。一方、北朝鮮では戦争孤児を東欧に送った。これについては、チュ・サンミ監督の『**ポーランドへ行った子どもたち**』（2018）やキム・ドギョン監督の『**金日成の子供たち**』(2020)という2本のドキュメンタリー映画が近年立て続けに公開され、注目を集めている。

一方、ドクスの父の行方は結局分からないままだ。北朝鮮に残ったのかもしれない。年老いたドクスは、父の写真に語りかける。父の代わりに家族を守ろうと必死で生きてきたドクスだが、その苦労を誰にも打ち明けることができず、生涯待ち続けた父に泣きながら吐露する。

韓国の現代史を垣間見た気になったが、映画を見た直後の興奮が冷めると、少し奇妙な映画に思えてきた。韓国現代史を描きながら、軍事政権についての描写はすっぽり抜けているのだ。この映画の公開時は2014年、朴槿恵《パク・クネ》政権下だった。軍事政権を最も長く維持した人物は朴槿恵大統領の父、朴正熙大統領だったことを思えば、政権への忖度もあったのかもしれない。

離散家族を描いた映画といえば、**イム・グォンテク監督**の『**キルソドム**』(1986)がよりリアリティーが感じられ、胸に刺さった。映画はテレビ画面から始まる。前述のKBS『離散家族を探します』だ。主人公のファヨン(**キム・ジミ**)がテレビにくぎ付けになって見ているのは、生き別れた息子を探すためだ。今の夫との間には3人の子どもがいるが、夫はこの機会に息子を探したらと、勧めてくれる。映画の公開時は『離散家族を探します』放送から3年も経っておらず、当時の観客にとっては記憶に新しい出来事だっただろう。

タイトルのキルソドムは地名だ。ファヨンはキルソドムで孤児となり、家族のように一緒に暮らしていた一家の息子ドンジンと恋に落ちる。10代で妊娠したファヨンは家から追い出され、ドンジンと別れて一人で息子を産むが、朝鮮戦争の混乱の中で息子まで行方不明となってしまう。

夫の勧めで『離散家族を探します』を放送するKBSにやって来たファヨンは、そこでドンジン（**シン・ソンイル**）と再会する。すれ違いの人生を送ってきた二人はそれぞれが歩んだ過去を語り合う。さらに息子の可能性がある男性の情報を得て、二人は一緒に会いに行く。リアリティーが感じられたというのは、この再会場面だった。涙の再会とはならず、互いに本当に息子なのか、本当に両親なのか、確信を持てない表情だ。それもそのはず、30年以上の時が経っているのだ。

結婚して裕福な暮らしをしているファヨンは、目の前の貧しく、品のないソクチョルが息子だと認めたくない気持ちもある。ソクチョルも「母に捨てられた」と思っており、母に対する憎しみを抱えている。二人の距離感が象徴的に描かれたのは、ファヨンとドンジン、ソクチョルが一緒に車に乗っていた時だ。犬をはねてしまうが、ソクチョルは車から飛び出して血まみれの犬を抱えてくる。ファヨンは汚らわしいという表情で「捨てなさい！」と叫ぶが、ソクチョルは「犬肉は体にいい」と言って捨てようとしない。30年以上にわたって離ればなれで暮らしてきた重みが、「違和感」として描かれたのだ。

3人は病院で血液や唾液の検査を受け、ほぼ確実に親子であることが確認される。それでもファヨンは「100％ではない」と言って、受け入れようとしない。そんなファヨンに幻滅したドンジンは、ファヨンの連絡先としてもらった名刺をゴミ箱に捨てる。3人は再び別々の人生を歩み始める。

戦争で生き別れた家族を美談でまとめなかったのが、むしろ長く余韻の残る映画となった。

●**ファン・ジョンミン**⬇2-0

●**キム・ユンジン**（**1973〜**）⬇映画『シュリ』（1999）を通して世界的に知られる。小学生の頃米国へ移住し、英語が堪能。米国ドラマ『LOST』にも出演している。代表作に映画『セブンデイズ』（2007）など。

●**イム・グォンテク監督**⬇2-2

●**キム・ジミ**（**1940〜**）⬇1950年代から活躍する韓国を代表する女優であり、1986年に「ジミフィルム」を設立、映画『チケット』（1986）や『ミョンジャ・明子・ソーニャ』（1992）などを製作、主演も務めた。1995〜2000年、韓国映画人協会理事長。映画『キルソドム』（1986）で大鐘賞主演女優賞受賞。

●**シン・ソンイル**（**1937〜2018**）⬇映画『ロマンス・パパ』（1960）でデビューした。1960〜70年代、韓国映画界のトップスターで、「韓国のアラン・ドロン」とも呼ばれた。2000年代には国会議員も務めた。代表作に映画『裸足の青春』（1964）、『星たちの故郷』（1974）など。

3 KCIA部長による朴正熙大統領暗殺／終わらぬ軍事独裁

18年にわたって軍事独裁を続けた朴正熙《パク・チョンヒ》大統領は、1979年10月26日、KCIA部長の金載圭《キム・ジェギュ》によって射殺された。部長と言っても、KCIAの韓国での名称は中央情報部で、部長はトップだ。当時の大統領に次ぐナンバー2の権力者だった。

この事件を金載圭がモデルのキム・ギュピョン（**イ・ビョンホン**）を主人公に描いた映画が**ウ・ミンホ監督**の『**KCIA 南山の部長たち**』（2020）だ。原作『南山の部長たち』（金忠植著）は880ページに及ぶ大作ノンフィクションで、金載圭のみならず、朴正熙政権下のKCIA部長たちが登場する。南山《ナムサン》は、今ではソウルタワーの観光地のイメージだが、かつては南山と言えばKCIAを指した。南山に庁舎があったためだ。

KCIAは情報機関であり、取材対象とするのは非常に危険なことだった。金忠植氏は東亜日報の記者（当時）で、2年2カ月にわたって同紙で連載したものが本になったのだが、「取材をやめろ、書くな、という脅迫や懐柔の電話を何度か受けた」と話す。拘束されそうになったこともあったという。連載中は軍人出身の盧泰愚《ノ・テウ》大統領の政権下だった。

ただ、映画に出てくるのはそのほんの一部、朴大統領暗殺事件までの40日間だ。キム・ギュ

『KCIA 南山の部長たち』豪華版 Blu-ray & DVD 好評発売中
発売元：株式会社クロックワークス　販売元：ハピネット・メディアマーケティング
©2020 SHOWBOX, HIVE MEDIA CORP AND GEMSTONE PICTURES ALL RIGHTS RESERVED.

ピョン以外の登場人物もモデルが誰かははっきり分かるが、名前は変えてある。実際の事件をモチーフにしたとはいえ、創作部分もあるためだろう。

　ただ、その創作部分こそが、この事件の核心を突いていた可能性もあるという。この映画が一見複雑に見えるのは、二つの暗殺事件を描いているためだ。朴大統領暗殺以外のもう一つは、元KCIA部長パク・ヨンガク（**クァク・ドウォン**）の暗殺事件だ。パク・ヨンガクのモデルは金炯旭《キム・ヒョンウク》だ。実際、金炯旭は朴大統領が殺される少し前にパリで失踪している。

　金炯旭は朴政権下で6年にわたってKCIA部長を務めた。朴政権18年の3分の1にあたる。その金炯旭が、亡命先の米国で朴大統領の不正を暴露した。独裁を続ける朴政権を脅かすのは米国の存在だ。朴大統領にすれば、金炯旭は最も消したい存在だったに違いない。朴大統領を殺した金載圭は処刑されるまで金炯旭の失踪と自分は関係ないと言い張ったが、2000年代に入って真相究明調査が行われ、金載圭の指示によって金炯旭が暗殺されたことがほぼ確実視されている。

原作者の金忠植氏は「私も含め、事実を追う記者たちはこの二つの事件を関連付けて考えることはなかった」と言う。だが、ドキュメンタリーでない劇映画の監督には創作の自由がある。ウ・ミンホ監督の想像力によって二つの事件が関連があるかのように描かれたことについて、金氏は「考えてみれば、正しい推論だと思う。記者たちの盲点だった」と、感心していた。

朴大統領が心底消したいと思っていただろう金炯旭を完全犯罪によって消したのは、金載圭の最大級の朴大統領への忠誠である。にもかかわらず、朴大統領は階級も年齢も金載圭より下の車智澈《チャ・ジチョル》警護室長ばかりをかわいがり、金載圭のプライドを傷つけた。朴大統領に対する憎しみが膨らむきっかけとして、その前の金炯旭暗殺事件があったのだ。

金載圭の宿敵であり、朴大統領と共に射殺された車智澈は、映画ではクァク・サンチョンという名で登場した。クァク・サンチョンを演じたイ・ヒジュンは、25キロ増量して貫禄をつけたという。韓国の俳優たちは役によって体重を増減することが日本よりもよくある。

映画ではキム・ギュピョンとパク・ヨンガクがかつて友人だったように描かれていたが、金載圭と金炯旭が友人だったという事実はないようだ。かつての友人を暗殺という設定にして、映画ではキム・ギュピョンの葛藤を極大化した。二つの事件を関連付ける装置となった創作部分だ。

韓国では誰もが結果を知っている事件なだけに、なぜ暗殺に至ったのか、40日間の出来事と主人公の心の動きを見せるのがメインであり、イ・ビョンホンの抑制の効いた演技が光った。イ・ビョンホンの名演が見られただけで満足という観客も少なくなかったほどだ。

ただ、見終わって虚しさを感じるのは、この事件の後の韓国を知っているからだ。結局、全斗煥《チョン・ドゥファン》による新たな軍事独裁が始まる。金載圭はまるで明智光秀のようだ。朴大統領を撃ったのは金載圭だが政権を握ることなく処刑され、全斗煥に政権を奪われる。本能寺の変で織田信長を討ったのは明智光秀だが、天下を取ったのは豊臣秀吉だった。この話を原作者の金氏にしたら「とっても似ている」と同意してくれた。

一方、朴大統領暗殺事件を描いた映画としては**イム・サンス監督**の『**ユゴ 大統領有故**』（２００５）もある。ジャンルで言えば『南山の部長たち』はノワールだが、『ユゴ 大統領有故』はブラックコメディーだ。原題は『その時、その人たち』で、朴大統領暗殺のその日一日を描き、金載圭の役はペク・ユンシクが演じた。

この映画については韓国での公開前、朴大統領の三男、朴志晩《パク・ジマン》氏が「父の名誉を棄損した」として裁判所に上映禁止を求めた。裁判所は上映禁止にはしなかったが、一部の場面を削除するよう求めた。２００５年は革新系の盧武鉉《ノ・ムヒョン》政権下だった。保守政権であれば上映禁止になっていたかもしれない。

韓国では時の政権によって作られる映画も変わってくる。長く続いた軍事政権下で厳しい検閲があったことも影響しているだろう。その軍事政権のコントロールタワーがＫＣＩＡだった。

●**イ・ビョンホン**⬇2-5

●**ウ・ミンホ監督（1971〜）**⬇『インサイダーズ　内部者たち』（2015）で青龍映画賞、大鐘賞、韓国映画評論家協会賞の最優秀作品賞をはじめ、韓国内で多数受賞。『KCIA　南山の部長たち』（2020）でも青龍映画賞最優秀作品賞ほか、多数受賞した。

●**クァク・ドウォン（1973〜）**⬇演劇俳優として活動を始め、映画『悪いやつら』（2012）で注目を集める。映画『弁護人』（2013）の警察役など、凄みのある悪役で知られる。代表作に映画『哭声　コクソン』（2016）など。

●**イム・サンス監督（1962〜）**⬇『ディナーの後に』（1998）でデビューし、青龍映画賞新人監督賞を受賞。キム・ギヨン監督『下女』（1960）をリメイクした『ハウスメイド』（2010）がカンヌ国際映画祭コンペティション部門に選ばれた。代表作に『ユゴ　大統領有故』（2005）など。

4 軍靴に踏みつけられた青春／光州事件

韓国の民主化運動といえば、日本では光州事件を思い浮かべる人が多いと思う。1980年5月、光州の民主化運動のデモを軍や警察が暴力的に鎮圧した事件だ。光州事件を描いた映画はいくつかあるが、1本挙げるなら、**イ・チャンドン監督**の『**ペパーミント・キャンディー**』（2000）を挙げたい。映画の中で光州事件が出てくるのは時間的には短いが、加害者もまた被害者であるという盲点を指摘した点で、この事件の本質を伝える映画だと思う。

映画は1999年から始まり、20年前の1979年まで遡っていく。主人公キム・ヨンホ（**ソル・ギョング**）は映画の冒頭、99年に自殺する。彼はなぜ自殺に至ったのか、観客は20年を遡りながら、80年の光州事件から彼の人生が狂いだしたことを知る。ヨンホは光州事件で罪のない女子学生を射殺した「加害者」だ。夜道を歩く女子学生に対する威嚇射撃のつもりが、誤って殺してしまう。ヨンホ自身も足に銃弾を受け、歩けない状態で気が動転していた。この時の罪悪感が、ヨンホの人生を変えてしまう。

映画の最後は1979年。初恋の相手ユン・スニム（**ムン・ソリ**）に出会ったばかりのヨンホは野に咲く小さな花を静かに愛でる優しい青年だった。スニムもそんなヨンホに惹かれる。

『ペパーミント・キャンディー 4K レストア・デジタルリマスター版』
Blu-ray 発売中 & デジタル配信中
発売・販売：ツイン

純粋無垢な青年が光州事件の「加害者」となり、引き裂かれる二人の残酷な未来を予告して映画は終わる。光州事件さえなければ、二人は幸せな家庭を築いていたかもしれない。だが、起こってしまったことをないことにはできない。時間を遡るたびに列車が逆走するシーンが登場するが、20年前に戻ったところで、列車は線路に沿って同じ道のりを進むしかない。ラストシーンのヨンホの涙は、20年後の運命を予期しているかのようだった。

日本でのタイトルは『ペパーミント・キャンディー』だが、韓国の原題は直訳すれば『ハッカ飴』だ。キャンディーのような甘い映画ではない。ハッカ飴は韓国では食堂のレジ近くに置いてあり、自由に取って食べられるようになっている。最近は減ったが、以前は多くの食堂にあった。お口直しの飴だ。映画では、ヨンホがハッカ飴が好きだと聞いたスニムが、兵役中のヨンホに手紙と共にハッカ飴を送り続ける。ヨンホはそれを大事に取っておいたが、光州事件が起こり、急遽出動することになった時に慌てて落としてしまう。この時、ハッカ飴は軍人たちの軍靴に踏みつけられる。ヨンホとスニムの青春が踏みつけられた瞬間だった。

光州事件を考える時、暴力的な鎮圧を受けた市民の被害に目を向けがちだが、実は暴力的に鎮圧をした側の軍や警察も、ヨンホのような兵役中の若者が最前線に送られていた。特にデモの鎮圧にあたる警察を「戦闘警察」と呼び、兵役の勤務先の一つだった。兵役は義務であり、行く、行かないの選択肢はない。ヨンホのような心優しい青年が、ある日突然、民主化デモの鎮圧に送り込まれるのだ。

光州事件の鎮圧は、1979年10月に朴正熙《パク・チョンヒ》大統領が暗殺された後、権力を掌握した全斗煥《チョン・ドゥファン》が主導したとされる。当時は報道統制によって光州が孤立化し、光州で何が起こっていたのか、ソウルをはじめ韓国内の他地域では知らされていなかった。韓国の学生たちが光州事件の実態を知るのは、数年後、各大学で密かに出回った「光州ビデオ」と呼ばれる映像を通してだった。これはドイツ人のヒンツペーター記者が撮った映像だ。**チャン・フン監督**の映画『**タクシー運転手　約束は海を越えて**』（2017）で、主人公のタクシー運転手キム・マンソプ（**ソン・ガンホ**）が乗せたドイツ人記者のモデルとなった人物だ。『タクシー運転手』は韓国では観客数1200万人を超える大ヒットを記録し、日本でも話題になった。光州がいかに孤立していたのかが描かれている。民主化デモは交通の妨げとなる「営業妨害」ぐらいに思っていたマンソプが、光州の惨状を目撃し、使命感が芽生える。マンソプという一般市民の目を通して描いた映画だった。

だが、実際にヒンツペーター記者を乗せて光州入りしたタクシー運転手はキム・サボクという名前で、光州事件よりずっと以前から、そして事件後もヒンツペーターが韓国で取材する時のコーディネーターのような役割を担っていた。民主化への使命感を持った人物だった。ヒンツペーターとキム・サボクの実話はチャン・ヨンジュ監督のドキュメンタリー映画『**5・18 ヒンツペーター・ストーリー**』（2018）に出てくる。チャン監督もまた学生時代に「光州ビデオ」を見て光州事件の実態を知ったという。直接インタビューしたことがあるが、「噂では光州で市民がたくさん死んだらしいとは聞いていたが、こんなふうに亡くなったのかと、ショックだった。就職活動もしないで、デモに参加するようになった」と話していた。

学生たちは「光州ビデオ」を通して自分たちが知らされていなかった事実に愕然とし、怒り、民主化運動に参加していく。その様子はチャン・ジュナン監督の映画『1987、ある闘いの真実』（2017）にも出てくる。

●イ・チャンドン監督➡1-6　**●ソル・ギョング**➡3-0　**●ムン・ソリ**➡1-6　**●チャン・フン監督**➡2-0
●ソン・ガンホ➡2-0

5 民主化を勝ち取った「6月民主抗争」

韓国で「民主化」といえばまず思い浮かぶのは1987年の「6月民主抗争」だ。これにより民主化を勝ち取ったからだ。この6月民主抗争に至るまでの約半年の動きを描いたのが**チャン・ジュナン監督**の映画『**1987、ある闘いの真実**』(2017)だった。誰が主人公ということなく、複数の人物がリレーのようにバトンをつないでいく。軍事政権の激しい圧力に負けずに抵抗し、行動した人たちの総合力で民主化を成し遂げたように見えた。

1987年当時の大統領は、光州事件で軍や警察による暴力的な鎮圧を主導した全斗煥《チョン・ドゥファン》だ。前述の「光州ビデオ」を通して光州事件の実態を知った学生たちの全斗煥に対する反感が高まり、大統領直接選挙制を求める民主化運動が広がっていった。

6月民主抗争には二人の大学生の死が大きく関わっている。一人は、ソウル大学生だった朴鍾哲《パク・ジョンチョル》。87年1月、取り調べ中に拷問死した。映画ではヨ・ジングが演じた。もう一人は、延世大学生だった李韓烈《イ・ハニョル》。87年6月、デモの最中に警察が撃った催涙弾が頭に当たり、7月に死亡した。映画では**カン・ドンウォン**が演じた。

李韓烈が催涙弾を受けて倒れたのは6月9日だった。翌10日から朴鍾哲拷問死の真相究明を

『1987、ある闘いの真実』Blu-ray
＆ DVD 発売中＆デジタル配信中
発売・販売：ツイン
©2017 CJ E&M CORPORATION, WOOJEUNG
FILM ALL RIGHTS RESERVED

求めるデモが予定されていたが、これに李韓烈危篤が加わって市民の怒りは頂点に達し、ソウルで１００万人規模のデモに膨れ上がった。この大規模デモを「６月民主抗争」と呼び、これにより大統領直接選挙制が実現する。２０１６年に朴槿《パク・ク》恵《ネ》大統領弾劾を求めるろうそく集会でソウルに１００万人が集まった時、ニュースで「１９８７年以来の規模」と報じていたのは「６月民主抗争以来」ということだった。

余談だが、ヨ・ジングとカン・ドンウォンの出演は映画公開まで伏せられていた。私はメディア向けの試写会で見たが、スクリーンの中でカン・ドンウォンは最初ハンカチで顔半分を覆っていたので誰か分からなかった。ハンカチを取った瞬間、女性記者たちの「キャー」という悲鳴のような歓声が上がったのにびっくりした。カン・ドンウォンの人気ぶりを実感した瞬間だった。

試写会後の記者会見で、チャン・ジュナン監督は途中で涙が止まらなくなり、しばらくしゃべれないほどだった。二人の学生の死を監督がいかに重く受け止めて作ったのか、伝わってきた。公開は2017年、文在寅《ムン・ジェイン》政権下だったが、シナリオが俳優たちの手元に回ったのはその前年、ろうそく集会の頃だったという。民主化を後退させるような朴槿恵政権のやり方に抗議する意図があったのだろう。2017年に『タクシー運転手』『1987、ある闘いの真実』の2本の民主化運動にまつわる作品が公開されたのは偶然ではない。

主要なキャラクターの中で、大学生のヨニ（**キム・テリ**）以外は実在の人物がモデルとなっている。ヨニはできるだけデモに関わりたくない、平凡な延世大学生として登場する。李韓烈の「うちのサークルでビデオ上映会をするから見に来て」という誘いに乗って、何のビデオか知らずに「光州ビデオ」を見る。市民が軍や警察に殺される様子を目にしたヨニは教室を飛び出し、追って出てきた李韓烈に「なんであんなの見せたの！」と泣きながら怒る。「光州ビデオ」はそれだけ学生たちにとって衝撃的な映像だった。

映画の中のリレーは、朴鍾哲拷問死を世に知らしめるリレーとして描かれた。第一走者はチェ・ファン検事（**ハ・ジョンウ**）。取り調べ中に亡くなった朴鍾哲の司法解剖をするべきだと主張する。拷問死の可能性が高いと思ったからだ。検事としては当然司法解剖を求められる立場なのに、警察も検察の上司も、なんとか司法解剖をさせまいと必死だ。司法解剖の後も結果を隠蔽しようとする。新聞記者、収監者、看守とバトンをつなぎ、最終走者はヨニだった。看守のおじ（**ユ・ヘジン**）に託されたメモを民主化運動家（**ソル・ギョング**）に渡し、朴鍾哲拷問死の真実を多くの人に知らせる役割を果たした。ヨニは架空の人物とはいえ、無名の誰かも含め、誰一人欠けても民主化は実現できなかったと思えるような作品だった。

同時期を描いた映画はいくつかあるが、イ・ファンギョン監督の『**偽りの隣人　ある諜報員の告白**』（2020）は、1985年の社会状況を背景に民主化運動を描きつつ、泣いて笑える「ヒューマンコメディー」だった。民主化運動そのものよりも盗聴にフォーカスした作品だ。野党政治家で次期大統領として期待されているイ・ウィシク（**オ・ダルス**）の監視役として隣の家で盗聴をするユ・デグォン（**チョン・ウ**）。デグォンはKCIAの諜報員で、敵対関係のはずの二人が、徐々に情がわき、人間的な関係になっていくという話だ。

イ・ウィシクのモデルは金大中大統領のように見えるが、あくまでフィクション。史実を明らかにするような映画ではなく、真剣に盗聴しているのがいかに滑稽なことかを感じさせる映画だった。イ・ウィシクは野党政治家で、民主化運動が盛り上がっているなかで人気が出てきて政権の側としては邪魔な存在だ。KCIAは次期大統領選に出られないようにするため、何か手がかりをつかもうと四六時中盗聴している。デグォンの他にも二人の盗聴係がいて、隣の家の小さな物音にも反応して、なにかの暗号ではないかと三人でまじめに議論するが、大体は勘違い。イ・ウィシクには大学生の娘や小学生の息子がいて、わきあいあい、楽しい家族で、盗聴しても大半はたわいない家族の会話だ。

映画は繰り返し、軍事政権下の「こじつけ」を強調しているように見えた。例えばデグォンは自分の息子が左手でスプーンを持ってご飯を食べるのを見て「左手で食べるなと言っただろ？　おまえは左派か？」と怒る場面がある。

軍事政権下では共産主義者をアカという意味の「パルゲンイ」と呼んで敵視した。野党政治家だからといって共産主義者（パルゲンイ）というわけではないはずだが、ＫＣＩＡはそう結びつけようとする。当初デグォンはそれに疑問を持っていなかったが、盗聴するうちに、そして隣人としてイ・ウィシクと実際に交流するようになってだんだんそのおかしさに気づいていく。

このように南北分断を利用したのが、軍事政権だった。政権維持を脅かす人物を北朝鮮と通じている「パルゲンイ」と決めつけ、逮捕し、拷問するということが繰り返された。『偽りの隣人』はファンタジーのような明るい結末だったが、民主化のために多くの人が犠牲になったことは記憶したい。

●**チャン・ジュナン監督**⬇1-6

●**カン・ドンウォン**（**１９８１〜**）⬇モデルとして活動を始め、ドラマ『威風堂々な彼女』（２００３）で俳優デビューした。『オオカミの誘惑』（２００４）で青龍映画賞人気スター賞を受賞、一躍スター俳優となった。代表作に『義兄弟 SECRET REUNION』（２０１０）など。

●**キム・テリ**⬇4-0　●**ハ・ジョンウ**⬇2-2

●**ユ・ヘジン**（**１９７０〜**）⬇多彩なキャラクターの脇役で人気を集め、近年は主演作も増えた。代表作に映画『LUCK-KEY ラッキー』（２０１６）、『マルモイ ことばあつめ』（２０１９）など。

●**ソル・ギョング**⬇3-0　●**オ・ダルス**⬇3-0

●**チョン・ウ（1981～）**⬇ドラマ『応答せよ1994』（2013）主演でシンドローム的な人気となり、百想芸術大賞新人演技賞受賞。代表作に映画『セシボン』（2015）など。

6 「漢江《ハンガン》の奇跡」の裏で犠牲になったものは

韓国が1960年代から急激に経済成長した現象を「漢江の奇跡」と呼ぶ。漢江はソウルの真ん中を流れる川だ。この急成長のひずみが出てきたのが、1990年代だった。象徴的なのは二つの大きな事故、94年の聖水《ソンス》大橋崩落事故と、95年の三豊《サムプン》百貨店崩壊事故だ。いずれも手抜き工事が原因で、多くの死傷者が出た。

韓国内外の多数の賞を受賞して注目を集めたキム・ボラ監督の映画『**はちどり**』（2019）には聖水大橋事故が描かれている。94年のソウルが時代背景で、主人公は女子中学生のウニ（パク・ジフ）だ。1981年生まれのキム監督の中学生時代が反映されている。

ウニが暮らしているのは漢江の南、江南区の大峙洞《テチドン》。塾と予備校が密集し、最も教育熱の高い地域だ。ウニの姉が父から「大峙洞に住みながら、江北にある高校に通うなんて」となじられるシーンがあった。江南は比較的富裕層が多いが、ウニの家は裕福とは言えず、無理をして子どもの教育のために大峙洞に住んでいるようだ。姉が漢江の北、江北の高校に通っているというのは、聖水大橋事故の伏線だった。聖水大橋は、漢江にかかる橋だ。映画の中では、姉の乗ったバスが事故に巻き込まれたのではと、家族が動揺する。実際にもこの事故で中高生が亡

『はちどり』2021/4/21（水）DVD レンタル開始　2021/4/28（水）Blu-ray & DVD 発売
発売：株式会社アニモプロデュース　販売：TC エンタテインメント株式会社
©2018 EPIPHANY FILMS. ALL RIGHTS RESERVED.

くなっている。橋の中央部分約50メートルが崩落し、計32人が死亡、17人が負傷する惨事となった。

ウニの学校では、先生が生徒たちに「私はカラオケの代わりにソウル大に行く」というスローガンを繰り返し叫ばせていた。生徒たちは嫌々、繰り返す。ソウル大は韓国最難関の大学だが、みんながソウル大を目指す必要はないはずだ。個性を尊重しない競争社会が垣間見えた。

ウニの家族は誰一人幸せそうに見えない。映画の冒頭、ウニは自分の家を間違える。自宅は10階なのに、9階の家に入ろうとするのだ。ウニは母が中からドアを開けてくれないと勘違いして、不安がる。なぜこの場面で始まるのか疑問に思ったが、カメラがマンションの全体像を映し出した時に気づいた。個性のない一戸一戸のドアが並んだ殺風景な様子。ここに暮らすためにあくせく働く両親と、両親の期待を背負って勉強を強いられる子どもたち。父はいつもイライラして家族に声を荒らげ、ソウル大が目標の兄は勉強の鬱憤をウニに対する暴力で晴らす。経済成長と競争社会が重なり、家父長制の中で女性と子どもにしわ寄せがいく様子が見て取れた。

　家が居心地の悪いウニは、漢文塾のヨンジ先生（**キム・セビョク**）を慕う。ヨンジ先生はソウル大の学生だが、長く休学しているという。他の大人のように「勉強しなさい」とは言わず、兄から暴力を受けるウニを心配し、「誰かに殴られたら立ち向かうのよ」と助言する。ウニを一回り成長させるのは、ヨンジ先生と聖水大橋事故だった。

　ポン・ジュノ監督の長編デビュー作**『ほえる犬は噛まない』**（２０００）にも、急成長のひずみ、手抜き工事のエピソードが登場する。ユンジュ（イ・ソンジェ）が住むマンションの警備員（ピョン・ヒボン）が語る「ボイラー・キムさんの都市伝説」だ。警備員によると、１９８８年のソウルオリンピックの頃、どこもかしこも手抜き工事ばかりで、ユンジュが住むマンションもあっという間に建てられたという。ボイラーがたびたび故障するので、「ボイラー・キム」と呼ばれるボイラー直しのベテランを呼んで直してもらう。ところが、ボイラー・キムさんは業者が金を横領して安い部品で工事していたことを見抜き、指摘する。業者と取っ組み合いのけんかになったボイラー・キムさんは倒れたところに突き出たクギがあり、後頭部に刺さって死んでしまう。ある意味手抜き工事の犠牲者だ。

　そして、『はちどり』同様、やはり『ほえる犬は噛まない』でもいびつな学歴社会が登場する。ユンジュは大学教授を目指しているが、実力だけでなれるものではなく、賄賂が必要なようだ。ケーキの下に現金を敷きつめ、学長に渡す。それは妻の退職金の大半だった。だが、めでたく教授になったはずのユンジュの表情はさえない。

実は私が韓国で博士課程に進む時、周りに「博士号取るのにけっこうお金いるんじゃない?」と言う人がいた。賄賂のことだ。韓国の大学に勤める日本人教授に実際どうなのか聞いてみると、「かつては確かにそうだったが、今はないと思う」とのことだった。かつて渡した、受け取ったという話は何度か聞いたことがある。賄賂がなくなったのは、2016年に通称「金英蘭法《キム・ヨンラン》」という不正防止法が施行されたのが大きい。接待文化の悪習を断ち切るため、接待額の上限を定めた。提案者の名前から金英蘭法と呼ばれる。

急成長のひずみは90年代に噴出したが、大きな事故を教訓に、「脱開発」に大きく舵を切る。その代表が、ソウルの清渓川《チョンゲ》復元だ。経済成長期に川を覆い、上に高架道が建設されたが、老朽化した高架道を撤去し、川が復元されたのだ。都心のオアシスとして市民の憩いの場になり、世界的にも都市再生の成功事例として注目を浴びる。

ところで、『ほえる犬は噛まない』のメインの話はマンションから次々に犬がいなくなる事件だ。ユンジュはその犯人の一人だが、別の犯人がユンジュの罪までかぶる。一方、犯人を捕まえようと仕事をさぼって駆け回ったヒョンナム(**ペ・ドゥナ**)は、マンションの経理の仕事をクビになる。大学でさえない表情で講義するユンジュと、クビになったが清々しい表情で森を歩くヒョンナムの対比を見ていると、競争社会に巻き込まれず、マイペースなヒョンナムこそ真の「勝者」かもしれない、と思った。

●**キム・セビョク**（**1986〜**）⬇奈良で撮影された映画『ひと夏のファンタジア』（2015）で注目を浴びる。『はちどり』（2019）で百想芸術大賞助演女優賞受賞。

●**ポン・ジュノ監督**⬇1-2

●**ペ・ドゥナ**⬇4-4

7 IMF危機で犠牲になった中小企業／得したのは誰か？

韓国で「IMF」と言えば、1997年の通貨危機を指す。ウォンが急落し、韓国は国際通貨基金（IMF）に支援を求めた。IMFに支援を求めるまでの動きを主に三者の立場から見せた映画が、チェ・グクヒ監督の**『国家が破産する日』**（2018）だった。三者は韓国銀行の通貨政策チーム長ハン・シヒョン（**キム・ヘス**）、金融コンサルタントのユン・ジョンハク（**ユ・アイン**）、町工場の経営者ハン・ガプス（ホ・ジュノ）だ。主人公のシヒョンは国家の危機的な状況をできる限り国民の負担にならない形で乗り切ろうと奔走する。一方、ジョンハクは危機に乗じて一儲けしようとたくらむ。ガプスは危機を察知できず、工場が経営難に陥る。この三者が刻々と状況が変わる中でどんな情報を得て、どんな選択をするのかは、当時の韓国の縮図とも言える。

私はこの映画を見るまで、IMF危機を経て多くの中小企業が倒産し、リストラで失業者が増えたことは知っていたが、その背景の米国の存在はほとんど考えたことがなかった。『国家が破産する日』では、米国が韓国をIMFの管理を通して米国主導の経済構造に組み込もうとしたという構図が見える。シヒョンはそれを見抜いてIMFの支援を受けずに解決を図ろうと

『国家が破産する日』DVD 発売中＆デジタル配信中
発売・販売：ツイン
©2018 ZIP CINEMA, CJ ENM CORPORATION, ALL RIGHTS RESERVED

するが、むしろ韓国の上層部は米国の方針に従おうとする。その象徴的な人物が財政局次官（チョ・ウジン）だった。中小企業を犠牲にして、大企業と政権の利益を優先しようとする。映画なので誇張はあるにしても、結果から見ると大企業が守られ、中小企業が犠牲になった面はある。日本に比べて韓国の中小企業が脆弱なのは、ＩＭＦ危機の後遺症なのかもしれない。

シヒョンの意見が上層部にまともに受け止められないのは、シヒョンが女性という理由もあった。特に財政局次官の男性は「女性は感情的」と言ってシヒョンを相手にしようとしない。映画は１９９７年当時の韓国を描いているわけで、今の韓国で同様の発言をしたら批判を浴びる。

私は２００２年に初めて韓国に留学し、ＩＭＦ危機からまだ5年だったので、関連の話を聞く機会は少なくなかった。親しい友人も、父が経営していた工場が倒産し、母は家を出ていったきり戻ってこないと話していた。映画の中のガプスが、この友人の父に重なって見えた。

登場人物は架空の人物だが、内容は実際の出来事に基づくものも多かった。例えば、ガプスが工場の製品を納入する先の「ミドパ百貨店」の経営が傾いたことで、連鎖してガプスの工場も経営難に陥るが、実際、ミドパ百貨店はＩＭＦ危機で大きな打撃を受け、ロッテグループに吸収合併された。

結局、この映画から得られる教訓は「政府を信用しないこと」だ。信用せずに動いたジョンハクは大儲けする。一方で経済的に困窮して自殺者が相次いだことを思えばジョンハクの儲け方は醜いが、チャンスを見抜いて儲けること自体は非難できない。正義感あふれるシヒョンや人のいいガプスが「敗者」で、ジョンハクが「勝者」という結末は悲しいが現実的だった。

ＩＭＦ危機後の米国がらみの経済事件を描いたのが、チョン・ジヨン監督の映画『**権力に告ぐ**』（２０１９）だ。「ローンスター事件」と呼ばれる実際の事件がモチーフになっている。ローンスターは米国の投資ファンドで、２００３年に韓国外換銀行を傘下におさめた際、韓国外換銀行が不当に安い価格で売却された事件だ。韓国の金融当局が関与していたとされる。映画では韓国外換銀行が大韓銀行となるなど固有名詞は変わっているが、事件の構図はほぼ同じだ。

主人公のヤン検事（**チョ・ジヌン**）は自身がセクハラの濡れ衣を着せられたのをきっかけに、その背後の大型経済事件に気づき、独自に捜査を始める。大韓銀行が不当に安い価格で米国の投資ファンド、スターファンドに売却された件で、虚偽の報告書が作られていたのだ。虚偽の報告書の存在を隠すために関係者が殺され、さらにそれをセクハラによる自殺と見せかけるためにヤン検事が利用されたのだった。

『国家が破産する日』と似ているようで、『権力に告ぐ』の方が、米国のパワーを利用して儲けようとする韓国の上層部にフォーカスしていた。猪突猛進のスタイルで上層部の圧力をものともせず突き進むヤン検事の強力な助っ人となったのは、スターファンド側の女性弁護士、キム・ナリ（**イ・ハニ**）だ。冷静で合理的に判断するナリは虚偽の報告書について知らずにスターファンド側の弁護士として働いていたが、過ちに気づいてヤン検事に協力するようになる。ところが、最後の最後で結局「保身」という選択をする。すべてを知ったうえで隠蔽する側に肩入れするナリは、客観的には巨悪の根源だ。巨悪の根源がいかにも悪そうな人物でなく、人間的な人物だということに鳥肌が立った。

この映画が公開され、再びローンスター事件が注目を集めた。その後、チョン・ジヨン監督が横領の疑いで取り調べを受けているというニュースが報じられた。スタッフの人件費を横領したというのだが、直感的に『権力に告ぐ』のような権力にたてつく映画を作ったことに対する嫌がらせではないかと思った。真相は分からないが、嫌疑なしで不起訴処分となった。映画そのものはチョ・ジヌンのコミカルな演技で楽しめたが、後味としては映画と現実が地続きのようで気持ち悪さが残った。

●キム・ヘス➡3-2　●ユ・アイン➡4-4

●**チョ・ジヌン**（**1976〜**）➡ドラマ『根の深い木—世宗大王の誓い』（2011）や映画『悪いやつら』（2012）で脚光を浴び、『最後まで行く』（2014）で青龍映画賞助演男優賞受賞。代表作にドラマ『シグナル』（2016）、映画『権力に告ぐ』（2019）など。

●**イ・ハニ**➡3-0

8 セウォル号事故からろうそく集会へ／国民が主人公の国

2014年4月に起きたセウォル号沈没事故は、韓国社会に大きな傷を残した。旅客船の乗員299人が死亡、5人が行方不明となるこの事故が起きた翌朝、私も朝日新聞記者として取材のために韓国へ飛んだ。ソウル支局に寄り、指示を受けてまず向かったのは京畿道・安山《アンサン》。安山の檀園《ダンウォン》高校の生徒たちが修学旅行中に事故に巻き込まれたからだ。在校生が校庭でろうそくを灯し、まだ船の中にいる生徒や教師の無事を祈る様子を取材し、翌日、事故現場近くの珍島に向かった。一人でも多くの命が助かることを願ったが、結局、一人も助からなかった。

イ・ジョンオン監督の『**君の誕生日**』（2019）は、事故で亡くなった高校生の遺族を描いた映画だった。イ・ジョンオン監督は実際にセウォル号事故の遺族をサポートするボランティア活動に携わっていただけあり、遺族への配慮が伝わってきた。事故を再現するような場面はなく、事故後の心境の変化を丁寧に描いた。

映画は、亡くなった高校生スホの父ジョンイル（**ソル・ギョング**）が韓国へ帰国するところから始まる。仕事でベトナムに滞在していたが、事情があって事故後すぐに帰国できなかったのだ。スホの母スンナム（**チョン・ドヨン**）は幼い娘と二人で、事故後のつらい時期を孤独に

『君の誕生日』DVD好評発売中　発売元：クロックワークス
販売元：TCエンタテインメント　©2019 NEXT ENTERTAINMENT WORLD & NOWFILM & REDPETER FILM & PINEHOUSEFILM. All Rights Reserved.

過ごしていた。別人のように心を閉ざすスンナムにジョンイルは戸惑う。

スホの誕生日会をめぐり、夫婦の葛藤はますます深まる。遺族をサポートする団体が、スホの誕生日に合わせて親戚や友達が集まってスホを偲ぶことを勧め、ジョンイルは乗り気だが、スンナムは頑なに拒む。まだスホの死を受け入れられないのだ。

遺族を苦しめた一つは補償金をめぐる問題だった。実際、真相究明を求め、政府に批判的な発言をする遺族に対して「金のため」という中傷の声も上がった。映画では、スンナムがベトナムから戻ったジョンイルに「補償金のために戻って来たの？」と疑ってかかったり、親戚の集まりで補償金を受け取るか否かでもめたり、家族や親戚の間に亀裂が走る原因になった。

スホの誕生日会も含め、まるでドキュメンタリーを見ているようだった。それだけ、遺族の置かれた複雑な状況がリアルに描かれていた。

私は現場で取材に当たった当時、**ポン・ジュノ監督**の『**グエムル 漢江の怪物**』（2006）を思い出していた。韓国では観客数1300万人を記録した大ヒット作だ。船の沈没事故と怪物の登場は違うが、国やメディアの態度が似ていると感じたのだ。『グエムル』では女子中学生のヒョンソ（**コ・アソン**）が怪物に襲われ、当然死んだと思っていたら、父カンドゥ（**ソン・ガンホ**）にヒョンソから電話がかかってきて、生きていることが分かる。だが、国はヒョンソを助けようとせず、メディアも真実を伝えない。家族は自分たちの力でヒョンソを救い出そうと奔走する。

私がセウォル号事故の現場近くで取材した時も、国が人命救助に専念しているようには見えなかった。救助活動に参加しようと民間人のダイバーが全国からたくさん集まってきたが、海に入ることはほとんど認められず、悔し涙を流すダイバーもいた。大手メディアは救助活動が大々的に行われているかのように報じたが、これも後に政府が報道に介入していたことが明らかになる。

そもそも、事故があった4月16日の午前中、「全員救助」の誤報からおかしかった。会社のテレビで現場の様子を見ていたら、隣の席の先輩が「全員救助と言うけど、救助艇が見えないね」と首をかしげていた。それでも、まさか誤報だとは思っていなかった。午後になって上司から「船に大半の乗客が残っているらしい。韓国に出張できるか？」と言われ、愕然とした。

乗客の家族は最初のこの誤報で国とメディアに不信感を抱き、取材記者たちにも心を閉ざした。家族の話を聞くこともできず、公式の発表も信じられない現場で何を報じるのか、記者人生で最も難しい現場だった。

なぜ事故の現場で人命救助というシンプルな目的に向かって全力を尽くさないのか？『グエムル』の怪物が出てきたのは、在韓米軍が漢江に流した毒薬が原因の一つだったように描かれていた。失態を隠すことが人命救助より優先されたのだ。セウォル号事故に関して国が何を隠そうとしたのかは明確ではないが、事故後の不透明な対応は朴槿恵《パク・クネ》政権への不信感を募らせるきっかけとなった。

結局、2016年秋から朴槿恵大統領の退陣を求めるデモが広がっていった。世界を驚かせた「ろうそく集会」だ。ろうそくを手に老若男女が街に出て退陣を訴えた結果、2017年3月、朴槿恵大統領の弾劾が決まった。2022年の大統領選挙を前に公開されたドキュメンタリー映画**『私のろうそく』**（監督：キム・ウィソン、チュ・ジヌ）は、朴槿恵政権が信頼を失っていく過程とろうそく集会を描いた。当時の映像と政治家やジャーナリスト、一般市民のインタビューを組み合わせ、様々な角度から振り返る。

朴槿恵大統領は保守系、弾劾後の選挙で選ばれた文在寅大統領は革新系だが、『私のろうそく』を見た後、必ずしも革新系に有利な映画だとは感じなかった。ろうそく集会への直接のきっかけとなった「崔順実《チェ・スンシル》ゲート事件」というのは、朴大統領と個人的に親しかった崔順実氏が国政に介入していた疑惑だった。国民が、国政の私物化に怒ったのだ。それは保守も革新も関係なく、直接選挙で選んだ大統領が国民を裏切ったことに対し、「ＮＯ」を突き付けたのがろうそく集会だった。『私のろうそく』を見る限り、政治家の多くは弾劾に及び腰だったが、光化門広場を埋める人々の熱気に圧倒されていった。韓国の人たちが大事にする民主主義とはこういうものかと、まぶしく感じられた。

●**ソル・ギョング**⬇3-0　●**チョン・ドヨン**⬇2-4　●**ポン・ジュノ監督**⬇1-2

●**コ・アソン**（**1992〜**）⬇子役から活動を始め、映画『グエムル　漢江の怪物』（2006）で青龍映画賞新人女優賞受賞。代表作にドラマ『ライフ・オン・マーズ』（2018）、映画『サムジンカンパニー1995』（2020）など。

●**ソン・ガンホ**⬇2-0

あとがき　激動の韓国から「現地発」

「韓国の映画やドラマにまつわる本を書きませんか？」と、筑摩書房の編集者、井口かおりさんから連絡をいただいた時は、小躍りしそうなほどうれしかった。きっかけは、日本で韓国文学ブームのきっかけを作った小説『82年生まれ、キム・ジヨン』（斎藤真理子訳、筑摩書房）の著者として知られるチョ・ナムジュさんの短編集『彼女の名前は』（小山内園子、すんみ訳、筑摩書房）日本語版の解説を書いたことだった。

私は2017年に9年間記者として勤めた朝日新聞を退社し、韓国の大学院に留学した。ちょうどその頃、ソウルでは朴槿恵《パク・クネ》大統領（当時）の退陣を求めるろうそく集会が毎週末開かれ、市民の力で政治を変えるのを目の当たりにした。翌2018年には #MeToo 運動が広がり、各界の大物が告発され、社会が男女平等や性暴力・セクハラ防止の方向へ変わると共に、私の研究対象の映画やドラマも変わっていくのを実感した。だから、この本の企画当初から第三章の「#MeToo 運動を経て」というのはメインで考えていた。

執筆を始めた頃は、新型コロナウイルス感染症のパンデミックが広がり、私自身、韓国に賃貸の家を残したまま帰国して再入国できない状態に陥り、半年以上にわたって日本で悶々としていた。一方で、コロナの影響でNetflixをはじめオンライン配信で韓国の映画やドラマが手軽に見られるようになり、韓国にいた時以上にたくさん見るようになった。

それまで韓国の作品をほとんど見ていなかった友人、知人がこぞって見始め、見ながら疑問に思ったことを聞いてくるようになった。韓国に長く暮らしながら、だんだん当たり前のようになっていたことが、質問を受けることで日韓の違いの発見につながり、新鮮に感じられた。そういう質問を下敷きに、昔見た作品も改めて見直しながら、書き進めた。

幸い、2021年春には新たなビザが発給され、韓国へ戻るとまた大学院の授業をはじめ多忙な日々が始まり、当初の予定よりも執筆が大幅に遅れてしまった。執筆期間が長引く間に、韓国は再び政権が交代し、そうすると「ガラガラポン！」という感じでまたいろんなことが変化し始めた。個人的に最も影響を受けたのは、金利の引き上げだった。韓国のみならず世界的な流れではあるが、金利が大幅に上がった影響で賃貸の家から追い出されるはめになった。家主が急に家を売りに出すことにしたためだ。韓国では日本に比べて賃借人の立場は弱く、周りでも賃貸で暮らす友人たちはしょっちゅう引っ越している。貧富格差を実感する機会が多いのは事実だ。

インターネットで情報があふれかえっている時代だが、やっぱり住んでみないと実感として分からないことはたくさんある。特にダイナミックに物事が変化する韓国では、数年前の常識があっという間に通用しなくなる。もはや日本にいながらでも多くの韓国の作品が見られるようになったが、「現地発」で情報を発信することにこだわっている所以だ。

そういうわけで、2年前に書き始めた頃の原稿を出版目前に最新情報にアップデートしながら、たった2年でこうも変わったかと驚くことも多かった。このあとがきを書いている今も、韓国の出生率が0．78％と、また過去最低を更新したことが報じられている。なぜ出生率が下がり続けるのか。それはこの本の中で何度か言及した通り、女性が出産・育児を経て経歴が断絶してしまう社会システム、子ども一人を育て上げるのにかかる高額な教育費、若者の就職難、様々な要因が絡み合っている。

韓国の社会や文化、歴史について知ることで作品をより楽しめるように、というのもこの本の目的ではあるが、隣国韓国は日本の鏡でもある。よりよい社会を作っていくため、互いに参考にできることもたくさんあると思う。その一助となれば、なおうれしい。

最後に、この本がぐっと身近に感じられるようなコメントを寄せてくれたハン・トンヒョンさん、作品のイメージを素敵なイラストで表現してくれた丹下京子さん、さりげなく韓国風の装丁で本を包んでくれた倉地亜紀子さん、原稿を送るたびに温かい感想と的確なアドバイスで導いてくれた井口さんに感謝の気持ちを伝えたい。韓国で孤軍奮闘する私を日本から見守ってくれる家族や友人、そしてそばでサポートしてくれる韓国の友人たちも、カムサハムニダ！

二〇二三年三月

成川彩

成川彩（なりかわ・あや）
韓国在住文化系ライター。1982年大阪生まれ。神戸大学在学中に2度ソウルへ留学し、韓国映画の魅力にはまる。2008～17年、朝日新聞記者として文化を中心に取材。退社後2017年からソウルの東国大学大学院へ留学し、韓国映画を学びながら、共同通信やAERA、中央日報（韓国）など日韓の様々なメディアで執筆。2020年からはKBS WORLD Radioの日本語番組「玄海灘に立つ虹」で韓国の本や映画を紹介している。2020年、韓国で『どこにいても、私は私らしく』（考えの窓社）を刊行。
成川彩ウェブサイト　https://ayanarikawa.com/

映画

監督

ドラマ

索引　＊1-0は、第1章のリード部分、1-1は第1章の第1項を表わす

俳優

本書は書き下ろし、および、既発表の文章を元に書き下ろしたものを収録しました

現地《げんち》発《はつ》　韓国映画《かんこくえいが》・ドラマのなぜ？

二〇二三年五月三十日　初版第一刷発行

著者　成川彩《なりかわあや》
発行者　喜入冬子
発行所　株式会社筑摩書房
東京都台東区蔵前二―五―三　〒一一一―八七五五
電話番号　〇三―五六八七―二六〇一（代表）
印刷
製本　三松堂印刷株式会社

© Aya Narikawa 2023 Printed in Japan
ISBN978-4-480-87413-9 C0036

乱丁・落丁本の場合は、送料小社負担でお取り替えいたします。

本書をコピー、スキャニング等の方法により無許諾で複製することは法令に規定された場合を除いて禁止されています。請負業者等の第三者によるデジタル化は一切認められていませんので、ご注意ください。

◉筑摩書房の本◉

〈ちくま文庫〉
82年生まれ、キム・ジヨン
チョ・ナムジュ
斎藤真理子訳

キム・ジヨンの半生を克明に振り返り、女性が出会う差別を描き絶大な共感を得たベストセラー、ついに文庫化! 解説=伊東順子 文庫版解説=ウンユ

彼女の名前は
チョ・ナムジュ
小山内園子／すんみ訳

韓国で130万部、映画化された『82年生まれ、キム・ジヨン』著者の次作短篇集。「次の人」のために立ち上がる女性たち。解説=成川彩 帯文=伊藤詩織、王谷晶

私たちが記したもの
チョ・ナムジュ
小山内園子／すんみ訳

ベストセラー『キム・ジヨン』刊行後の著者の体験を一部素材にしたような衝撃作ほか、10代の初恋、子育ての悩み、80歳前後の老境まで、全世代を応援する短編集。

君という生活
キム・ヘジン
古川綾子訳

『娘について』『中央駅』など、疎外された人々の視点から韓国社会を描いてきた著者の、胸に迫る傑作短編集。出会いとその後。寂寥感と抒情が溢れる。

搾取都市、ソウル
韓国最底辺住宅街の人びと
イ・ヘミ
伊東順子訳

貧困層の住宅「チョッパン」。住民の話や苦心の調査で新聞記者が明らかにしたのは、「見えない」富裕層による搾取の実態だった。韓国社会の闇に迫る渾身のルポ。